# あなたが会社をクビにしろ!

自分の人生を生きるための「一人で稼ぐ」スキルの身に着け方

渡部純一
Junichi Watanabe

創幻舎

# まえがき

**今のあなたから「会社」を取ったら何が残りますか？**

「何も残らない…」

それがあなたの答えだとしても、落ち込む必要は全くありません。

なぜなら、何も残らないように見えて、実はあなたには**「計り知れない可能性」が残っているからです。**

**そして、その可能性は会社にいる今のうちからどんどん広げていくことができます。**

詳しいことは本編でお伝えしますが、今は以前に比べてそんなことが容易にできる時代なのです。

この時代の流れを利用することで、あなたは近い将来、**「会社」から自由になることができます。**

つまり、「会社に縛られなくてもいい自分」「会社に依存しなくても生きていける自分」を手に入れることができるのです。

そうなれば、あなたはもう会社のご機嫌を伺う必要はもうありません。会社が気に入らないなら、あるいは自分のやりたいことに邁進したいなら、すぐに「余裕で」辞表を出すことができます。このことを、この本では**「会社をクビにする」**と言うことにしました。

そうです。会社があなたをクビにするのではなく、あなたが会社をクビにするのです。

「会社を辞める」という言い方は、どこか会社に遠慮している感じがします。あなたは会社よりも優位に立てるのですから、「会社をクビにする」のほうがふさわしいと思います。

そして、会社をクビにした後のあなたはやりたいことがやりたいようにできるようになり、大きな収入も手にして、とても充実した人生を楽しむことができるでしょう。

本書は、それを可能にするための本です。

今現在、あなたには次のような迷いがあるのかもしれません。

**「このまま会社に居続けていいのだろうか？」**

だからこそ、本書が目に飛び込み、ここまで読み進めてくださったのかもしれません。

・出世を目指していたものの、自分より明らかに実力がないのに「上司のご機嫌取りがうまい人」が先に引き上げられるのを見て、その不条理に嫌気がさしている。
・上司がいつも疲弊しているのを見て「自分の将来はあんなふうになるのか」と思い、この先の身の振り方を迷い始めている。
・会社に自分の人生の主導権を握られ、それでも会社に依存するしかない自分の現状が嫌になっている。
・食べていくためには就職するしかなかったから会社に入ったものの、上昇志向が芽生え、「いつまでもここにいてはいけないのではないか」と思い始めている。

……などなど、「このまま会社に居続けていいのだろうか?」と迷い始めたきっかけはさまざまだと思います。しかし、その迷いに対して結論を出せないでいるならば、その理由はおそらく次のようなことにあるのではないでしょうか。

**・会社を辞めたとして、その後何をして稼げばいいかわからない**
**・やりたい仕事はないこともないが、「絶対にこれ」というものでもないし、それで稼げるかわからない**
**・家族を養っていかないといけないから冒険はできない**
**・レールを外れたことがないので言い知れぬ不安がある**

これらは結局、「今のあなたから会社を取ったら何も残らない」という認識から生まれている理由です。

だから、会社を抜け出す勇気が持てない。
とはいえ、このまま会社に居続けるのもなんか違う。
このジレンマに陥って、あなたは「いったいどうすれば…」と悩み続けているのだと思います。

でも安心してください。
本書では**「あなた自身で稼げる力」を身に着ける方法をお教えします。さらには理想的な「働き方」までお教えします。**しかも、これらは会社にいる今のうちから着々と準備できるものばかりです。だからこそ、このまえがきの冒頭で「その可能性は、会社にいる今のうちからどんどん広げていくことができます」とお伝えしたわけなのです。

これらの「武器」を手に入れれば、あなたは「いつ会社を辞めてもいい自由」を手にすることができます。あとは任意のタイミングで辞表を出す、いや、「会社にクビを宣告する」だけです。

そもそも、この先会社に依存し続けていてもどのみちいいことはありません。その一方で、会社に依存しなくていい状態になる方法は、今は本当にたくさんあります。しかも、今は世の中の仕組みが大きく変わろうとしている時ですし、「会社から自由になりたい」と思っている人にとってはこれ以上ない絶好のタイミングなのです。これらの詳細は本編の中でお伝えしていきますのでぜひ楽しみにしていてください。

ちなみに、私は会社員というのが性に合わずに8回も転職した人間です。三流のそのまた下を行く五流の工業高校をギリギリでどうにか卒業させてもらえたヤンキー上がりということもありまして(笑)、「このまま会社に居続けていいのだろうか？」なんて迷ったことは一度もなく、つねに「やってられるか！　辞めてやる！」の一択でした(笑)。

とはいえ、当時は収入を得ようと思ったら嫌でも会社で働くしか選択肢がありませんでした。起業というのも「大金を投じて行なうもの」というイメージで、私には敷居が高すぎて全く考えられませんでした。そのため、渋々次の会社を探して勤めるものの、ほどなく「やってられるか！　辞めてやる！」。そんなことを、気がつけば8回も繰り返していたのです。

しかし、8回目の転職をした頃、私の人生は変わりました。

そのきっかけは、「インターネット」の存在です。私はインターネットのおかげでまさに「自分自身で稼げる力」を身に着けることができ、そして今後自分でやっていきたい仕事も見つかり、私は完全に会社よりも優位に立てるようになったのです。

こうなればこっちのものです（笑）。私は、ただ会社が不満で辞めていたそれまでとは違い、明確に見据えることができた自分の道を突き進むために、心晴れやかに最後の会社を退職することができました。


思えば、当時も世の中の仕組みが変わる「大きな波」が訪れていた時期でした。その原動力となっていたのはもちろんインターネットです。私は運良くインターネットの存在を比較的早く知ることができ、そのおかげで「大きな波」にうまく乗ることができました。おかげで、転職を8回も繰り返した凡人以下の私でも「会社をクビにする」ことができ、そして今や10社と1協会を所有する事業家になっています。

なので、当時の私も恵まれていたと思うのですが、実は今の環境、今のあなたのほうがもっと恵まれています。

当時と比べれば、インターネットを活用した「あなた自身で稼げる力」の身に着け方、そしてインターネットを活用してできる仕事の数は格段に増えています。

そしてなにより、「大きな波」がまたもや訪れようとしています。「インターネット以来」とも言われる、新たな「世の中の仕組みを大きく変える技術」が出現しているのです（この詳細も本編でお伝えします）。

このチャンスを逃す手はありません。この波に乗れば、私もそうであったように、あなたも晴れやかな笑顔で「会社をクビにする」ことができ、充実した人生を手に入れることができるはずです。

その意味で、これほど恵まれたタイミングであなたが本書と出会ったことは、偶然ではなく必然です。そう思いませんか？

「確かに！」そう思えたなら、さっそく本編を読み進めてください。

あなたが「このまま会社に居続けていいのだろうか？」と迷い続ける日々は今日までです。

あなたから会社を取ってもびくともしない、「会社に縛られなくてもいい自分」「会社に依存しなくても生きていける自分」を手にすることができるよう、私がこれから後押ししていきます。

ご期待下さい！

# あなたが会社をクビにしろ！◉目次

## 第4章 一刻も早くこの働き方にシフトせよ！……145

## 第5章　得た収入は「分散」せよ

## 第6章　会社をクビにした後のロードマップ　223



本文・カバーデザイン／ワークス　若菜　啓

# 第1章
# 「準備しない人」はこの先「貧乏」にしかならない

## 安定志向は会社にぶっ潰される

今、あなたの前には三つの道があると思います。

一つめは、「今の会社に居続ける」という道。

二つめは、「キャリアアップ転職」という道。

そして三つめは、「会社をクビにして独立起業する」という道です。

本書はもちろん、あなたが「会社をクビにして独立起業する」という道を選ぶためにあります。

ここまで読んで、まさか「まだ会社に雇われていたい」とは思っていないでしょう。ただし、8回も「辞めてやる！」と叫んで転職を繰り返した私が言うのも何なのですが、いきなり会社を辞めてはいけません（笑）。したたかに、会社にいるうちから「会社をクビにする準備」を始めるのです。

ただ、この「準備」は、実は「今の会社に居続ける」「キャリアアップ転職」の道を選んだとしても絶対にやらなければならないものなのです。つまり、**サラリーマンであれば例外なく誰でも絶対に「準備」しなければならない**のです。

それはなぜか？　本章ではその理由について解説していきたいと思います。

会社に勤め続けている人は、多かれ少なかれ「安定志向」があるのではないかと思います（外資系の会社の多くは基本的に終身雇用の概念がなく、ゆえに「安定志向」ではいられないのでここでは除きます）。

満足いく額ではないが、毎月ちゃんと給料がもらえる。

勤め慣れている場所だし、仕事も慣れているから、楽。

他にやりたいことも特にないし、あったとしてもチャレンジして失敗するのも嫌だし、まして家族もいるのに冒険するつもりもない。

だから、会社にはいろいろ不満はあるけれど、結局は会社にいるのが一番いい。そう判断して今日も満員電車で通勤しているのではないでしょうか。

しかし、**その安定志向は、他ならぬ「会社」に遅かれ早かれぶっ潰されます。**

すでにリストラに遭って安定志向がぶっ潰された人もいますし、業績不振の会社にいて「間もなくぶっ潰されそうな人」もいます。

また、たとえ業績好調で正社員数も増えているような会社にいても、某自動車関連部品メーカー、あるいは某電機メーカーのように、ある事件をきっかけに一気に倒産、あるいは大規模なリストラが敢行されるケースがあります。まさに「寝耳に水」です。たとえば「販売していた総菜で顧客を病原性大腸菌Ｏ１５７に感染させてしまったスーパーが全店舗閉店」、また某大手自動車メーカーが無資格者に点検をさせていたことが発覚してリコール、というようなニュースはその典型的な例です。従業員にとっては一気に奈落の底に落とされた感じではないかと思います。

他には、ある時突然、あなたが勤めている会社を外国の企業が買い取るという「寝耳に水」があるかもしれません。そんなケースは稀だと思いますか？　いや、むしろ国境を越えたM＆A（企業の合併や買収）はかなり頻繁に行なわれています。そうなれば、それまでの長期雇用や終身雇用という「安定」がなくなってしまうことも十分考えられます。

では、事件もなく、外資となることもなく業績好調のまま推移していたとしたならば、安定志向は保てるのか？

「終身雇用の時代は終わった」と言われて久しいですが、長年の時を経て、日本の会社も年功序列は衰退し、実力主義がかなり浸透してきています。なので、実力が無ければ（あるいは実力がないと判断されてしまえば）降格や転勤（左遷）、配置転換などの憂き目に遭い、「毎月給料がもらえる」という最低保障は保たれても収入額が減ったり、不慣れな職場や仕事に回されたりして、今までのような安定は得られなくなります。

後輩があなたの上司ともなれば、「心の安定」も保たれないかもしれません。さらに、転勤で単身赴任になったら家族との団らんまで奪われてしまい、もはや「安定志向」は壊滅状態になります。

というわけで、いずれにしても、会社はもはや「安住の地」ではないのです。今は安住の地に見えるので、安定志向でも通用しているかもしれません。しかし、いつ「Xデー」がやってくるかわからない。それは、ここまで読んでいただけたら、誰も否定できないのではないでしょうか。

余談ですが、個人的には日本の会社がそもそも終身雇用とか年功序列だったこと自体がおかしなことだったのではないかと思っています。戦後の急激な経済成長によって優秀な従業員を確保する必要に迫られたという背景があったようですが、ならばどうしてこの時点で「実力主義」にしなかったのかというのが率直な感想です。

どうも日本は、教育にしてもみんなが平均的なレベルになるような「紋切り型」の人間を作ろうとしたり、社会でも「みんな仲良く」みたいに必要以上に調和を重んじたりと、人の個性をあまり尊重しないで進んできた国のようです。

それは当時の国策の影響だと思いますが、そのせいで、私のような人間は学生時代も会社勤め時代もずっと生きづらかったのです（笑）。「紋切り型」「みんな仲良く」が根付いた人たちから見れば私は「異端児」扱いだったと思いますが、今となっては「やっと時代が自分に追いついてきた」という思いです（笑）。時代を経て、ようやく日本も終身雇用や年功序列が保てなくなり、実力主義にシフトしました。それは「紋切り型」「みんな仲良く」の終焉と言ってもいいような気がします。私からすれば「遅い！」と一喝すべきことですが（笑）、このように流れが変わったからには、会社で「安定」を求めるなんていうのは、もう明らかにナンセンスでしょう。このことははっきり言っておきます。

◆ここがポイント

**会社はもはや安住の地ではない。いつ「Xデー」が来てもおかしくない。**

## 会社が副業を認め始めた「本当の理由」

会社がもはや「安住の地ではない」ということを裏付ける象徴的な現象が最近また起こっています。それは「会社が副業を認め始めたこと」です。これは、政府が厚生労働省の「モデル就業規則」にあった「許可なく他の会社等の業務に従事しないこと」、いわゆる「副業原則禁止」の部分を「原則容認」に方向転換する方針を発表したことに起因します。

ただ、実はこの方針が発表される以前から、副業を許可している会社はたくさんあったのです。たとえばリクルートは競業でなければ副業ＯＫですし、富士通、ソニー、日産自動車なども副業は認められています。

それはともかく、「会社が副業を認め始めたこと」が「会社が安住の地ではない」ことといったいどう関係しているのか？　それは政府が「副業原則容認」にした理由やその流れに沿った会社の思惑を紐解くと見えてきます。

政府が「副業原則容認」の流れにした理由の中で最も大きなものは「働き方改革」です。つまり、これからは一つの会社に留まるのではなく、もっと柔軟な働き方をしていこう、と。そのような社会的な流れにしていきたいという方針があるわけです。

このような流れにしたい背景には、高齢化社会や人口減少に伴う「今後の日本の労働力の減少」があります。つまり、労働力が少なくなるので「一人で何人分の働き」をする必要が出てきているわけです。

そしてもう一つの背景は、「副業を行なうことで一つの会社の中にいるよりも新たな発想を採り入れることができ、これによって本業の会社の事業も発展し、結果として日本経済が活性化する」という目論見です。これは会社にとっても「自社の事業が発展する」というメリットがある話なので、会社も副業容認の方向に動きつつあるというわけです。

さらに、会社が副業を容認するのにはもう一つの思惑があります。それは「優秀な人材の確保と育成」です。

優秀な人材は他社も求めており、ゆえにヘッドハンティングされてしまう可能性が高い。また、優秀ゆえに独立を視野に入れている人も多い。しかし、「副業容認」とすることで、他で何かしたい場合は副業でやればよくなり、いきなり転職されてしまう可能性が低くなる。また、副業で他社を見てもらい、自社のほうが待遇が良いと判断してもらえたら、その人材は辞めずに居続けてくれる。これが「優秀な人材の『確保』」の効果です（もっとも、自社がブラック企業であったなら他社と比較されたら辞められてしまいますから、ブラック企業ほど副業はなかなか容認しないと思われますが…）。

一方、副業によって外の世界にふれた人材は、自社内に留まっているだけでは得られない知識やスキルを身につけて大きく成長してくれる確率が高い。これが「優秀な人材の『育成』」の効果です。実際、副業を容認している会社のほうが、優秀な人材が早く育ち、かつ、たくさんいる、という傾向にあります。中には「副業容認」どころか「専業禁止」というベンチャー企業もあるくらいで、その企業では全員が起業家マインドを持ち、それが自社の業績を大きく伸ばすことにもつながっているそうです。

というわけで、会社が副業を容認する理由は、総じて「会社をもっと活性化させたいから」です。したがって、ただ会社にいて決まった業務をこなし、現状維持しかしないというのは会社の意向にそぐわない。だから、たとえ今の会社にとどまっていても「会社はもはや安住の地ではない」というわけなのです。それでもあなたが安定志向にこだわるならば、いずれは副業しながら成長した同僚に引き離され、そして後輩にも抜かれ、会社に居づらくなってくるのは目に見えています。

あなたのいる会社は今はまだ副業禁止なのかもしれません。しかし、まわりの会社は副業容認にどんどん動き、優秀な人材を確保&育成していいます。そんな中、このままあなたが「準備」を何もしなければ、会社がリストラを敢行したり倒産するようなことがあった時、他の会社に行きたくても「要りません」と言われてしまう。そんな悲劇も十分ありえます。また、さきほどもお伝えしたように、「まだ副業禁止なのはブラック企業だから」かもしれません。そのことに心当たりがあるのなら、なおさら「準備」をすぐに始めるべきです。

◆ここがポイント

**会社が副業を認め始めた本当の理由は「安定志向でいられたら会社が困るから」である。**

## あなたは「65歳から」を見据えているか

さきほどは国や会社側からの視点で「副業」のことをご紹介しましたが、今度はこれをあなた側、つまりビジネスパーソンの側から見ていきたいと思います。

突然ですが、あなたは今の収入に満足していますか?

そしてもう一つお聞きします。あなたは、今の会社に収入を絶たれても問題ない他の収入源がありますか？

もし、この二つの質問のいずれにも「NO」という回答であれば、早めに副業を始めるべきです。

「いや、自分はキャリアアップ転職するから」

「会社を辞めて独立起業するから」

そう思うかもしれませんが、それでは収入源が一つのままで、しかもその収入源は会社に依存しているわけですから、ここが絶たれたらとたんに生活危機に直面することになります。もちろん、会社をクビにして独立起業するにしても、何もしないうちにいきなり独立したらすぐに収入になるかどうかわからず、無収入が続けば貯金を早々に使い果たして身動きが取れなくなることにもなりかねません。

つまり、副業をビジネスパーソンの側から見た場合、「社外の世界を見て新たな知識やスキルを身につける」ということももちろんですが、「収入源を増やせる」ということもとても大きなメリットなのです。さらに、独立起業を目指す場合は「会社にいながらまずは副業でやってみて、軌道に乗れば会社を辞めて起業する」という、リスクを抑えた起業準備も可能になります。

終身雇用や年功序列が過去に葬り去られつつある今、この「収入源を増やす」という考え方はとても重要です。あなたも気付いていると思いますが、会社に居続けたら給料が上がるということももはや期待できなくなっています。仮にそうであったとしても、昇給額が「数千円」しかないというのもザラで、さらには金融関係の会社などでは50歳でどこかに出向となり、むしろ年収が下がることもあるようです。これでは「自分が会社に居続けた意味は何だったのか…」と哀愁に浸ってしまっても不思議ではないですよね。

さらに、リストラも倒産もなく、首尾良く会社に居続けられたとしても、会社には「定年」があります。

定年退職となれば、退職金がもらえ、そして何年かしたら年金も受給できるようになります。しかし、このご時世、退職金はいったいいくらもらえるかわかりません。また、年金も少子高齢化を背景に「制度自体がもう破綻している」とも言われ、受給額も「最低２割カット」と厚生労働省はすでに明言しています。しかも、これは物価上昇も賃金上昇も、さらには年金運用の高利回りも毎年同じように続く前提で決めた数字です。そんなありえない前提で数字を決めているのは甚だバカバカしいわけで、実際はそんなはずはなく、よってこの「最低２割」はもっと増える可能性が高いと思います。なので、私個人としては「年金はもうもらえないもの」と思って自力で老後を過ごしていく未来設計をして動いております。

さらに、年金の受給は現状「65歳から」を基本に60歳から70歳の間で選ぶことができますが、これを「75歳」まで引き上げようという動きまで出始めています（「75歳」を達成したら次は「80歳」ということも考えられているようです。そこまで生きていてちゃんと年金がもらえる人がどれだけいるのか……恐ろしい話です）。

そうなると、仮に65歳で定年退職した場合、その後10年間は「全くの無収入」となってしまう可能性もあるわけです。

仮に、1ヶ月の生活費を20万円としましょう。すると、1年間では240万円、10年間では2400万円必要な計算になります。ただ、高齢にもなっているので、医療費その他も考えると実際はもっと多くなるのではないかと思います。

つまり、定年までにそれくらいの蓄えをしておかなければ、定年後10年間の生活が苦しくなるということです。実際、「老後破産」も急増しているようです。

もちろん、定年退職後に新たな仕事に就くという選択肢もあります。年金受給開始年齢の引き上げも「働ける高齢者を支援する」という大義名分で検討されていますので(年金制度を破綻させないように支出を抑えて年金をプールしておきたい考えのほうがメインな気がしますが)、働く意欲があるならそれもよいでしょう。

しかし、高齢の方が就ける仕事の多くは賃金が安いというのが現実です。また、これまでのキャリアが活かせる仕事があるかどうかもわかりません。なので「今までもらっていた給料より安いなんて…」「この年で慣れないことをやり始めるなんて…」と考えてしまい、やる気が起きないかもしれない。

さらには、やっと労働から解放されたのにすぐに働く気になれないということもあるでしょう。それ以前に、家族に介護が必要な人がいて、働きたくても働けないということも考えられます。これは働き盛りの世代にも当てはまることで、たとえば寝たきりの親を一人にしておくわけにいかないのでそれまで勤めていた一流企業を離職せざるを得ず、たちまち生活に困窮してしまう人もいるといいます。

と、このように見てくると、会社だけではなく、国も安定志向をぶっ潰していると言えます。年金をカットするわ、受給開始年齢を遅らせるわ、これはもう「国はあなたを守れません」と言っているようなものです。まあ、日本は世界最大の借金大国で、その借金を返済するために消費税を10％に引き上げて国民に負担させようとしているわけですから無理もありません。

つまり、あなたは会社に縛られている上に、国が作った借金まで背負わされているのです。会社にも国にもいいように使われて、こんなふざけた話があるでしょうか？　ならば、あなたは今のうちから自分の「65歳から」を見据えて動いていく必要があると思いませんか？　そして、「副業を始めて複数の収入源を持っておく」ということが有効な対策として自ずと見えてくるのではないでしょうか。

実際、定年後を見据え、あるいは会社に何かあった場合を見据えて副業を始める人が年々増えています。それを象徴するように、最近は副業関連のセミナーが盛況のようです。あなたのまわりでも、あなたに言わないだけで、陰でこっそりセミナーに行って着々と副業を始めている人がいるかもしれません（笑）。

つまり、ここまでお伝えしてきたことをすでに自分で自覚して動いている人がいるのです。このことは知っておくべきでしょう。あなたが「このまま会社に居続けていいのだろうか？」と迷っている間に、先に動いている人たちとの差はどんどん開いてしまいます。それはそのうち「経済格差」となって現われてくるはずです。なのでぜひ、「複数の収入源を持つ」ために早めに準備をするようにしてください。

**◆ここがポイント**

**収入源が会社の給料だけでは、定年後に危機が訪れる。今のうちから複数の収入源を確保しよう。**

## 「時間を売ること」に未来はない

このように見てくると、あなたのこれからの人生を明るいものにするには「会社に縛られないこと」が最も重要なテーマであると言えるでしょう。

裏を返せば、今のあなたは「会社に自分の人生の主導権を握られている」。そのことに異論はないはずです。

その象徴とも言えるのが、「自分の大切な時間の大半を会社に捧げている」という事実です。朝早くに起きて、満員電車に長時間揺られてやっとの思いで出社。そして朝から晩まで労働して、昼食も手早く済ませて、みんながまだ働いているのに早く帰るのは気が引けるからサービス残業もして、そして今度は帰りの満員電車…。

これを「自分の大切な時間の大半を会社に捧げている」と言わずして何というのでしょうか。しかも、この現実はあなたが会社勤めをしている限り変えることができず、嫌でも続けるしかないわけです。それは会社に縛られている、つまり会社に自分の人生の主導権を握られていることに他なりません。かつて「社畜」という言葉が流行りましたが、まさにそんな状態です。

そのため、あなたがもらう給料も労働の対価というよりは「会社に時間を売った対価」と表現したほうがしっくりくると思います。それはあなたが病気やケガで何日も入院してしまったと仮定すればわかります。入院すれば、会社を休んだ日数分だけ給料はもらえなくなります。

有給休暇でカバーできる範囲であればその分はセーフだとしても、入院が長引けばその先はもらえない。その理由が「会社に自分の時間を売ることができないから」というのはもう明白です。ただでさえ頑張りに見合った給料が払われないのに、さらに減らされるのです！　それをカバーする所得補償保険もありますが、欲しい補償額に応じて毎月支払う保険料も高くなりますし、この保険には「支払い対象外期間」と言って、入院して仕事ができない状態になってから給付金請求ができるようになるまでの待機期間があります。つまり、すぐに支払われないということです。
この点は「会社に縛られていることの大きなリスク」と言えます。病気やケガはいつ起こるかわかりません（↑保険会社の回し者ではありません・笑）。そして起こった瞬間から、あなたの収入は途絶えます。その意味では病気やケガに限らず、リストラや倒産、外資化による社内体制の変化といったことも「自分の時間を売ることができなくなる（もしくはその可能性がある）」という点で、「会社に縛られていることの大きなリスク」と言えます。

そして、入院したことによる影響は収入減だけではありません。入院中、あなたがやっていた仕事は他の誰かがやることになります。つまり、あなたの仕事が奪われてしまうのです。
すると、あなたは病室のベッドの上で、こんなふうに思ってしまうかもしれません。

「自分がいなくても会社って普通に回るんだな…」

そうです。サラリーマンなんて、いくらでも代わりがきくのです。特に、大手企業であればあるほどあなたの代わりはいくらでもいる。この現実を見せられ、「今まで会社のために一生懸命頑張ってきたのに、会社における自分の価値ってそんなにちっぽけなものだったんだ」と思い知り、虚無感にうちひしがれる。そんなことにもなるかもしれません。

しかし、それでもあなたが会社に縛られている限り、戻るべき場所は会社しかありません。短期間で退院できたなら大丈夫かもしれませんが、長期入院からの復帰であれば、すでに代わりの人がいて、元の場所に戻れないかもしれない。まして、重い病気からの退院であれば、会社にいることもできなくなるかもしれない……。

これでは「会社に時間を売って給料をもらう」ということには未来がないと思いませんか？　売ろうにも売れなくなったらそれで終わりになってしまうのですから。

……と、ここまで読んでくれれば、もうおわかりでしょう。

## 「このまま会社に居続ける」とか「キャリアアップ転職」という道がいかに危険かということが。

私に言わせれば、会社なんて「居続けるところ」ではないです。

自分の時間を奪われ、虐げられて、頑張りもあまり報われず、いざとなったら容赦なく「用無し」と言われる。某有名広告代理店が女性社員の時間を奪うだけ奪って自殺に追い込んだニュースがありましたが、あんなのは氷山の一角で、自殺まで行かなくてもうつに追い込んだり、過労で死なせたり、「〇〇ハラスメント」を浴びせかけて精神を追い込んでいる会社はゴマンとあるはずです。

その一方で、国は一番仕事が大変な月末の金曜日に「プレミアムフライデー」などというバカげた制度を作る（本当、政治家は一般社会をわかってない！）。

会社はこんな理不尽にまみれた場所だということももちろんですが、なにより会社に依存していると自分の成長が阻まれます。なので、ぜひ「居続けなくてもいい準備」をして、できるだけすみやかに「会社員」というものから離脱してほしいと思います。

同じ釜の飯を食う仲間がいるからと安心している場合ではありません。あなたはあなたです。そんな仲間たちと居酒屋で上司の愚痴を語っている時間があるなら、その時間をすぐさま「準備」に充ててください。

◆ここがポイント

**会社に縛られ、会社に自分の時間を売っているだけではもしもの時に「終わってしまう」。だからこそ、そうならない「準備」が必要。**

## 会社だけでなく「職種ごと無くなる」日も近い

さて、ここまでは、対「会社」という視点でのお話でした。

ただ、これからの時代は対「会社」だけでなく、対「職種」という視点でも見ていかなければならない状況になっています。というのは、さきほどの見出しにもあるように、会社が無くなるばかりか「職種ごと」無くなる可能性もあるからです。

つまり、**「すでにそれほどのパラダイムシフトが起こり始めている」**のです。

わかりやすい例では、「生産ラインの作業員」や「スーパーのレジ係」「レストランのウェイター・ウェイトレス」などの職種はオートメーション化が進んでいるので、あなたも「確かに…」と、さほど驚きもせずに受け入れられると思います。コンビニのローソンは会計や袋詰めまで全自動で行なう「レジロボ」の実験導入試験を始めています。このレジロボを導入して、バイトの１割を削減するそうです。

しかし、本題はここからです。

「銀行員という職種が無くなる」と言えばどうでしょうか。

「まさか！」

それが率直な感想かもしれません。しかし、これこそがまさに「パラダイムシフト」なのです。

銀行は今まで「あって当然」という認識でした。しかし、今は「無くていい」に変わってきているのです。ガラケーも、昔は「あって当然」でしたが今はスマホに取って変わられて「無くていい」に変わってきていますよね。これと同じことです。

では、なぜ銀行が「無くていい」のか？

それは新たな金融革命とも言える「フィンテック（Fintech）」が登場したからです。

フィンテックとは「金融（Finance）」と「技術（Technology）」の融合を表す造語で、人工知能

（ＡＩ）などのＩＴ技術を活用した新しい金融サービスのことを言います。

その一例として最もポピュラーなのが「暗号通貨」です。日本ではなぜか「仮想通貨」と呼ばれていますが、世界的には「暗号通貨」ですので、本書では「暗号通貨」で統一します。

あなたもおそらく「ビットコイン（Bitcoin）」とはじめとする「暗号通貨」の存在はご存じかと思います。では、暗号通貨はなぜできたのでしょうか？　その理由は、誤解を恐れずに言えば「従来の銀行を無くして新しい金融システムにしたほうが社会がもっと良くなるから」です。

たとえば現在、国際送金はかなりの手数料（数千円程度）がかかります。しかも、送金する側だけでなく、受け取る側まで手数料が取られる場合もあります。これは外貨による国際決算には「中継銀行」、つまり送金元の国の銀行と送金先の国の銀行を中継する銀行が存在するためで、この銀行の手数料が「受け取り側負担」と決められていれば、受け取る側も手数料を払わなければならないのです。それでいて、着金するまでの日数が１～３日くらいかかる（受け取り銀行の規模や経由する銀行の数などによって変わってきます）。

また、日本では国内の送金は手数料も比較的安く、しかも銀行の営業時間内に送金すれば当日中に届きます。それに慣れているので「当たり前」と思うかもしれませんが、実は世界的には稀なことなのです。アメリカなど、海外の多くの国では国内送金も国際送金並みに手数料がかかり、しかも着金までの日数も数日かかっているのが実情です。

そうした送金関連の不便に加え、銀行は預金やお金の取引関係のデータを巨大なコンピュータシステムで管理しているので、サーバー障害が起きるとかなり大規模なトラブルとなります。また、管理が一極集中しているために、情報漏洩やデータ改ざん、さらには内部による不正が行なわれるリスクもあります。

また、銀行間でデータ連携を図る必要があっても、データ形式や管理の方法が異なるために困難という問題もあります。これらのことは銀行間での送金手数料が増える原因の一つとなっていると思われます。もちろん、管理システムの維持管理費も送金手数料に反映されているでしょう。

そこで、このような不便やリスクを解消すべく、

「従来の銀行、また国による中央集権的なシステムではなく、管理者を介在させず、国際間でも直接相対によって『安い手数料で24時間送金可能』を実現でき、そして預金やお金の取引関係の情報が安全な形で分散しているという『全く新しい銀行機能』」

を作る動きが始まりました。そして、これを実現できる「ブロックチェーン」（※１）という技術が開発され、２００９年に世界初の暗号通貨「ビットコイン」が誕生、運用開始となったのです。

ビットコインは日本円や米ドルなどの法定通貨に換金可能ですし、今ではビットコインでの支払いを求める海外旅行者に対応すべく、国内でもビットコインで支払いＯＫの店舗がどんどん増え続けています。こうして、暗号通貨はしっかりと通貨としての価値を持ち、支払い手段としても一般化しつつあるので、今後、銀行での決済はどんどん少なくなっていくのは必至です。

さらに、銀行機能は預金・送金の他に「貸付」もあるわけですが、これも実は「スマートコント

ラクト」(※2)という技術によって、銀行が介在して与信などをしなくてもお金の貸し借りができるようになってきています。この技術は本書執筆時点ではビットコインには実装されていませんが、「イーサリアム(Ethereum)」というプラットフォームには実装されています。

というわけで、少し難しい話をしたかもしれませんが、要するに言いたいことは、

「全く新しい銀行機能ができて、こちらのほうがみんなにとって便利なので、従来の銀行はもう『無くていい状態になりつつある』」

ということです。

いかがでしょうか。だから、「銀行員」という職業が無くなるというのは「まさか」ではなく「ありえる」のです。その予兆として、すでにメガバンクは段階的な人員削減を発表しており、みずほ銀行は2026年までに1万9000人程度、三菱東京UFJ銀行は2023年までに1万人程度の削減を計画と公表されています。

---

※1 「分散型台帳技術」とも呼ばれ、取引データを一定量ごとにネット上の「台帳を格納する箱(ブロック)」に保管し、これを鎖(チェーン)のように連続して記録していく技術。管理者が存在せず、データが世界中のパソコンに分散され、かつ共有されているため改ざんされにくく、さらに巨額のシステム管理費が不要なので低コストで済むというメリットがある。

※2 契約の自動化技術。たとえば送金完了後に請負契約などの契約を自動的に実行させることができるので、契約書作成の必要も第三者機関の必要もなく、その分のコストを低下させることが可能。契約内容が自動的に実行されるため不正のリスクも少なく、ブロックチェーン技術により過去の契約実行履歴が記録・公開されるので、一度不正をした者は世界的に信頼されないこととなり、これが不正の抑止力ともなっている。

さらに、「法務局」も無くなるかもしれません。会社の登記や不動産の所有権の移転もブロックチェーン上にあれば、法務局で一括管理する必要がなくなるからです。また、スマートコントラクトの登場により契約が自動化されるということは、契約書を作成するような仕事…たとえば「行政書士」も不要になるでしょうし、何かと契約プロセスが煩雑な「従来の不動産会社」も要らなくなってきます。

この点、すでに法整備が不十分で土地の所有者がはっきりしない場所が多いアフリカ諸国において、ブロックチェーンの活用によってその土地の所有者を明確にするためのプラットフォームが立ち上がっています。これにより、所有者がはっきりしていなかったためにできなかった土地の開発が促進され、アフリカ地域が経済的な発展を遂げることが期待されています。世界ではすでにこのような動きがあるので、日本の登記や権利の記録もブロックチェーンで行なうのは時間の問題だと思います。

そして、フィンテックに限らず、「ＡＩ」の発展は、さまざまな仕事を人間から奪っていきます。「ＡＩはＩＱを超える」という言葉があるくらい、ＡＩはＩＱの極めて高い人間すらもはるかに超える存在です。そんなものが私たちの産業と生活に普及すれば、嫌でも人間は仕事を奪われてしまう。これは当然のことです。そうなれば、もはやＩＱが高いことなんて何の意味も持ちません。せいぜいテレビのクイズ番組で自慢できる程度がオチになるのではないでしょうか（笑）。

秘書、コールセンタースタッフなどの一般事務系の仕事がなくなりそうなことはあなたも想像がつくかもしれませんが、「弁護士」「医師」「教師」のような知的労働、さらに「運転手」「人材マッチング」果ては「公務員」までもが仕事を奪われると聞けばどうでしょうか？　これもさきほどの「銀行員」のように「まさか」と思われるかもしれませんが、実は、もうすでに少しずつ奪われ始めているのです。

そのきっかけとなっているのは「ビッグデータ」です。

マーケティング、法律、医療など、あらゆる分野で膨大な量のデータがあり、これらを総じて「ビッグデータ」と呼んでいるわけですが、この「ビッグデータ」は単に量が膨大というだけではなく、内容も多岐にわたり複雑なので、これまでのようなデータ管理関連のツールではその処理や分析が困難でした。しかし、ＡＩの進化により、短時間で、しかもさまざまなアプローチからデータ分析することが可能になってきたのです。

その結果、ＡＩのほうが「人間のようなミスをせず、しかも人間よりも正確な判断が迅速にできる」という状態になりました。

よって、たとえば法律の分野ではＡＩが法律のアドバイスをする「ＡＩ弁護士」が登場しています。また、医療分野でも、膨大な医療報告書や患者の記録、臨床試験データなどを分析し、さらには患者の症状や遺伝子、薬歴なども分析して最適な治療計画を作る「ＡＩドクター」が登場。他にも「手術ロボット」、つまり「人間ではない執刀医」も登場し始めています。弁護士も医師も人間であれば、能力にはばらつきがあります。しかし、ＡＩにはばらつきはない。ならば、どちらが信用できるか？これはもう明らかでしょう。

また、さきほどもお伝えした「銀行」は資産運用のアドバイスもその業務の一つですが、これもＡＩによって、人間の能力では不可能な膨大なデータ分析、そして客観的な分析が可能になります。というわけで、この点でもやはり、従来の「銀行員」の仕事は必要が無くなってしまうのです。同様に「ファイナンシャルプランナー」の仕事も必要なくなるでしょう。さらには「トレーダー」も人間より「ＡＩトレーダー」のほうが優秀です。

そして「運転手」はＡＩによる無人自動運転技術が進めば、人間がやる必要がなくなりますし（すでに神奈川県のあるタクシー会社が無人化の実験を進めています）、「人材マッチング」「公務員」についても、膨大なデータ処理と分析ならＡＩのほうが断然早くてミスも少ないので、やはり人間がやる必要がなくなっています。

さらに言えば、ソフトバンクは新卒採用選考において、エントリーシートの採点にＡＩを導入し始めました。「人事」「採用担当」という職種までもがＡＩに取って代わられるようになったのです。また、長崎県のハウステンボスでは、ロボットがホテルスタッフとして働く「変なホテル」という名のホテルが登場しています。

極めつけは、これは私の友人から聞いたのですが、米国カリフォルニア州では囚人を仮釈放するかどうかをＡＩが決めているというのです。もちろん、囚人はＡＩに決められているとは知りません。これも、人間の判断よりも、ＡＩがビッグデータを分析して下した判断のほうがより正しいと認められている事例の一つといえます。

いかがでしょうか。いろいろな「無くなる可能性のある職種」をご紹介しましたが、これらはほんの一部に過ぎません。他にどんな職種が無くなるのかについては、英国オックスフォード大学のマイケル・Ａ・オズボーン博士が同大学のカール・ベネディクト・フライ研究員と共著で発表した「未来の雇用」という有名な論文がありますので、興味があればネットで検索してみてください。

一方、オズボーン博士は「ＡＩはクリエイティブな作業には向いていないので、人間はより高次元でクリエイティブなことに集中できる」と発言しています。よって、あなたが現在クリエイティブな職種（広告制作、デザインなど）で仕事をしているのであれば、その職種は無くなる可能性は低いと思われます。ただ、すべてのクリエイティブな職種が無くならないとまでは言い切れないので安心はできません。

また、ＡＩの登場は「今までになかった『人にしかできない仕事』を生み出した面もあります。具体的には「ヒューマンインターフェース」と呼ばれる分野で、たとえばＡＩやロボットのような新しいものについていけない人たちに、その意味や使い方をわかりやすく教えていくガイドのような職種です。ただし、それは大きな労働市場を作るまでには至らないと私は見ています。なぜなら、みんなが使い方などを理解できるようになれば要らなくなる仕事だからです。

いずれにせよ、重要なのは『今、世の中の仕事に関してこれほどのパラダイムシフトが起きている』ことをしっかり理解しておく」ということです。この、フィンテックやＡＩこそが、まさにまえがきでお伝えした「インターネット以来とも言われる、新たな『世の中の仕組みを大きく変える技術』」なのです。

想像してください。

**今、あなたの仕事にフィンテックやＡＩが採り入れられたらどうなりますか？**

実際、ほとんどの業種、ほとんどの職種にＡＩはさまざまな形で入ってくるはずです。「そんなバカな」と思いますか？　もしそうなら、その考えこそ「そんなバカな」です。

ＡＩが入ってきたら、あなたはどのような影響を受けるのか…？

だから、実は**安定なんて、実は会社にぶっ潰される前からすでに「幻想」でしかない**のです。

はっきり言います。時代はすでにそこまで変わっているのです。フィンテックやＡＩが活躍しようという時代に、「汗水流して働くのが尊い」なんていうのはもうナンセンスなのです。

別な角度の話をすれば、カジノも基本法案が成立しているので、あとは実施法案が成立すれば日本でもカジノができると考えられます。そうなれば、カジノ関連のビジネスもどんどんと立ち上がるでしょう。もうすでに、ラスベガスへのカジノ視察ツアーなどは大盛況のようです。時代は刻一刻と変わっているのです。

新しい時代になれば、新しい考えに適応できる者だけが生き残ります。今までの考えにとらわれ続けるなら、もう化石になるしかないのです。日本には100年以上続いている会社もたくさんありますが、それらの会社も時代に合わせて変化してきたから、それだけの期間続いているはずです。

さあ、あなたも考え方を変えましょう。

◆ここがポイント

**フィンテックやAIによって「無くなる職種」「人間がしなくてよくなる職種」が増えている。公務員さえもその一つ。そんな中で安定を求めるのはもはやナンセンスである。**

## だから一人の例外もなく「準備」が必要だ

というわけで、あなたは「会社をクビにして独立起業する」という道を選ぶならもちろんのこと、たとえ「キャリアアップ転職」「今の会社に居続ける」という選択をしたとしても、今までのような日々をくり返している場合ではありません。今すぐ**「会社に頼らなくても自分の力で稼いでいけるようになる準備」**が必要です。ある日突然リストラされたり、会社が倒産したり、また会社が存続していてもＡＩが導入されて「あなたは要らない」と宣告されても大丈夫な状態にするには「自分の力で稼いでいけるようにする」。これしかありません。

ここまでわかっていながら何もしない、何もしようとしないなんて、「あなたは平和ボケですか?」と言いたい。何もしない道は、すなわち「貧乏まっしぐら」です。「これからは二極化の時代」と言われますが、これを上層と下層の二極に分けるとすれば、「何もしない」というのは明らかに「下層」に向けて突き進むということにしかなりません。格差というのはそうやって起こるわけです。

それでも多くの方は「準備」をせず、事が起こってから慌てて対処をします。たとえばここ数年、全国で何度となく大きな震災や豪雨災害が起きているのに「震災対策グッズ」は思ったほど売れていません。そして、震災があってから慌てる。それが人間の性質と言えばそれまでですが、しかし、こうして本書を読んでいるあなただけは、ぜひとも「準備する人」になってください。

そもそも、あなたは「このまま会社に居続けていいのだろうか?」と迷っている状態だと思いますので、すでに「安定志向」の人の群れからは一歩抜け出せていると言えます。最初から安定を求めているならそもそも本書を手に取っていないはずですから（笑）。そしてここまで読んでいただいて「準備すること」の重要性を認識していただけたと思います。

会社も副業容認の方向に動いているので、「準備」をするには追い風です。もし、あなたのいる会社がまだ副業禁止であったなら、それこそそんな古い体質の会社から抜け出すべく、「準備」を加速させるべきです。

「でも、副業禁止なのに副業したらまずいんじゃ…」

そう思われるかもしれませんが、実は法律で副業が禁止されているのは公務員だけで、一般企業における従業員の副業は禁止されていません。企業は「就業規則」で副業を禁じているだけです。なので極論、副業はしてもいいのです。

ただし、本業の勤務時間内に行なう、あるいは会社の備品やお金を使って行なうというのはさすがにダメです。また、競業状態にある会社の仕事をするのも機密漏洩の恐れがあるのでこれもダメ。しかし、そういった点さえ配慮し、会社に対する労務提供に支障がなければ、今ではたとえ就業規則に副業禁止規定があってもある程度は許容されるような流れになってきています。

それでもどうしても心配ならば、会社の総務部なりに質問すれば明確な回答が得られるので良いと思います。その際、もしも会社側から「NO」という返事を突きつけられ、おまけに「こいつは会社の仕事に集中しようとしない要注意人物だ」として扱われるようなことがあれば、そんな会社に居続けるべきかどうかは自ずと判断できるのではないかと思います。

すでに現時点では「副業を禁止するのは法律的にも時代の流れ的にも無理。これからは、副業を容認した上で届出制とし、『守秘義務違反をしない・競業である等の理由で禁止する業種の仕事をしない』などを明記した誓約書にサインしてもらう」といった「容認＆コントロール」の方向が主流になるはずです。つまり、未だに副業禁止の会社はもう「時代遅れ」なのです。あなたがそのような会社にいて「このまま会社に居続けていいのだろうか」と迷っているのであれば、私は断言します。

**「かまわない。準備しろ！　バレたらあなたのほうから会社をクビにすればいい！」**

今ではマイナンバー制度ができ、副業で別のところから給料を得た場合はバレやすくなってしまいました（笑）。しかし、それでもバレるのを覚悟で「準備」するのです。どのみち「会社をクビにする」予定なら、それでいいと思います。

**◆ここがポイント**

**「会社に頼らなくても自分の力で稼いでいけるようになる準備」を今からしておけば、会社にどのように扱われても、ＡＩに仕事を奪われても生きていける。**

## 「ノミの実験」のノミになるな

とはいえ、人には新しいことを始めようと思っても、「面倒」だと感じてしまって行動できないということが往々にしてあるものです。遊びに行くなどの楽しいことであれば躊躇せずに行動するでしょうが、「副業を始める」となると、仕事を増やすことになるで苦痛と感じてしまい、腰が重くなってしまうかもしれません。

さらには、「変化することへの恐怖」もあります。それは「現状維持欲求」とも言われるのですが、人は今の自分が変わっていくことを本能的に拒否してしまい、行動が伴わなくなるのです。

特に、長年同じ会社に勤めてきた人ほどこの傾向は強いと思います。ずっと一つのレールに乗ってきた人なら、そのレールから外れることに恐怖を感じて当然です。さらにはそこに「失敗したらどうしよう」という恐怖も加わります。

しかし、考えてみてください。「副業」という文字が示すとおり、これは本業を辞めて行なうものではありません。つまり、今の環境がそこまで大きく変化するものでもないのです。いわば、今までのレールにもう一つ、並行させたレールを敷いて両方のレールで進んでいく。そんなイメージです。なので、たとえ失敗しても、本業の収入は保たれていますから、そこまで大きな痛手を被ることもありません。

「でも、副業や独立起業で失敗したら借金するんじゃないか?」

そう思われるかもしれませんが、今はインターネットのおかげで個人がほとんどお金をかけずに副業・起業することができます。なので、たとえ失敗しても痛手は少なく、何度でもやり直しが利きます。私もこのインターネットの恩恵を受けた一人です（ちなみに私の経験は参考事例として第2章でお伝えします）。

また、「ただでさえ忙しいのに副業なんてしたらもっと忙しくなる」という心配もあるかもしれません。しかし、今はＩＴ技術の進化によって働き方も進化し、「効率的で生産性の高い働き方」もできるようになっています。なので、いわゆるダブルワークをしても「働く時間が倍になる」ということはなく、双方の仕事を快適にこなしていくことも可能なのです。

それ以前に、「忙しい」という言葉を口にしている時点でその人は自分で自分のことを「能力がありません」「生産性を上げられず、自分の時間すら自由に生み出せずに振り回されています」と言っているようなものです。

反論はあるかもしれません。事情もあるのかもしれません。しかし、それでも「忙しい」とは言わないようにしてください。これが口癖になってしまうと都合のいい言い訳になってしまうだけでなく、その口癖が現実を引き寄せてしまうのです。その結果、つねに「無駄なことに自分の時間が奪われる状態」となり、そこから抜け出せない毎日を過ごしてしまうことになってしまいます。

なぜなら、これだけＩＴが発展しているのに労働時間が相変わらず長いという旧態依然の状態のほうがおかしいからです。**仕事というのは最短最速で終わらせるべきものです。**会社だってそのように生産性を上げてほしいわけですから、もっと早く帰れるようになって残業代をカットしてあげたほうが会社だって喜ぶはずです。そしてあなたは生まれた時間で副業すればお互いＷＩＮ－ＷＩ

Nじゃないですか。

そういえば、あるタクシー会社ではナビにＡＩを導入して、乗車率の高い場所を新人運転士に教えることで新人が無駄な動きをしなくなり、売上が伸びるようになったという報告があります。これなども、会社が生産性を上げたがっている一つの象徴的な事例です。

このような流れになっているのに、平然と「忙しい」と言っているのはビジネスパーソンとしてとても恥ずかしいことだと早く気付くべきです。

私は２００３年に「インターネット」に出会ったおかげで、いくら会社が嫌でも会社から給料をもらうしかお金を得る手段を思いつけずに転職を８回も繰り返した状態から抜け出すことができました。なので、当時も恵まれていたと言えますが、今ほどＩＴ技術が進化しているわけではありませんでした。それに、昔は会社は「副業禁止」が当たり前でしたが、今は会社が副業容認の方向に動いてくれている。私は、本当に今は副業・起業には非常にすごく恵まれた環境にあると実感しています。

だからこそ、「会社に依存しなくても自分の力で稼ぐ『準備』」としての副業・起業を「やらない」というのは私からすれば意味がわかりません。ここまでのお話で、「準備」をしなければこの先「貧乏」になるしか道がないのはもうわかったはずです。それが嫌ならやるしかない。逃げていてはいけないのです。

いずれにしても、「10年、いや、20年に一度あるかないかの絶好のチャンス」が今、あなたの目の前にあるのです。もちろん、そのチャンスは誰の目の前にも平等にあります。これは奇跡としか言いようがありません。そんな実感があるかどうかわかりませんが、奇跡なんです。あなたはこの奇跡、このチャンスを活かして「会社から自由になる人生」をつかみますか？　それとも変化を恐れてこのチャンスを逃し、今までどおりのレールの上を進む「会社に縛られた人生」を進みますか？

もしも後者を選ぶのであれば、その「今までどおりのレール」はある日、会社のほうから強制的に外されるかもしれないことは頭に入れておくべきです。その上、後者を選んでしまうと、あなたは今後、人生をかけたチャレンジをしようと思わなくなるかもしれません。

あなたは「ノミの実験」の話を知っていますか？

あの小さなノミは、なんと通常２メートルの高さまでジャンプできるそうです。しかし、そんなノミに高さ50センチの箱をかぶせると、ノミは何度高く飛ぼうとしても箱にぶつかるので、50センチ以内しか飛ばなくなる。そして、箱を取ってもそれは同じ。つまり、それが自分の限界だと感じてしまうわけです。

この手の話は他にもあって、「ゾウの実験」といわれるものもあります。

ゾウを檻の中に入れて鍵をかけて閉じ込める。するとゾウは外に出ようとしてもがくものの、何をどうしても出られない。そして、とうとうゾウは外に出るのをあきらめてしまいます。そうなると、数週間経って、檻の鍵を開けてもゾウは外に出ないのです。檻の中の生活に慣れてしまい、外の世界に出るのが怖くなってしまったというわけです。

あなたも、これまでは会社に箱をかぶせられたり、檻に入れられて鍵をかけられていたようなものです。しかし、今は副業容認の波とともに、箱は取られ、檻の鍵も開けられました。それでもあなたはさきほどのノミやゾウのように、自分で勝手に限界を作ってしまい、外の世界に出ることをあきらめるのでしょうか？　あなたの中にある底知れぬ可能性を自ら否定してしまうのでしょうか？

さきほどもお伝えしたように、人には本能的に「変化することへの恐怖」があります。変化しようとするといろいろ大変な思いもするし、苦労もする。現状維持のほうが楽で居心地もいい。

しかし、それでは人生がつまらなくないでしょうか？

たった一度の人生を、これから先の残りの人生を、国や会社に振り回され続け、なのに給料は文字通り「薄給」で、最終的にはポイされるような、そんなことのために「わざわざ自分でそれを選択して」過ごすのですか？

**だったらチャレンジしたほうがおもしろくないですか？**

もちろん、副業・起業を始めても、うまくいくとは限りません。ただ、うまくいかなくても、さきほどお伝えしたように、インターネットを使った副業・起業なら痛手は少なく何度でもやり直しは利きます。そして、やり直した時には経験値が増えた分だけうまくいく確率も上がります。そう、

## チャレンジすることは結果としていいことしか起こらないのです。

さきほど「現状維持欲求」のお話をしましたが、そもそも今のままの生活を続けていても、もはや現状維持は望めません。

もう一つ実験の話を採り上げましょう。「ゆでガエルの実験」といわれるものがあります。カエルを熱湯の中に入れるとすぐに飛び跳ねて逃げます。しかし、常温の水の中にカエルを入れ、徐々に水温を上げていくと、カエルは上がった水温に慣れてしまって脱出しようとしない。その結果、そのままゆで上がってしまうのです。

今のままの生活を続けると、あなたもこのカエルのようにゆで上がってしまい、会社に見放された時に何もできないことになってしまうかもしれません。

だから、結果的にあなたはもう「チャレンジする」の一択しかないのです。

ゆでガエルになりたくなければ…。

**◆ここがポイント**

**あなたには無限の可能性があるのに「飛ばなくなったノミ」「檻から出なくなったゾウ」と同じではもったいない。一度きりの人生、チャレンジすべし。**

## 「準備」の第一歩は「時間を生み出す」こと

「準備を始めよう」と言っても、「準備」をするには「時間」が必要です。もちろん、さきほどもお伝えしたように、ＩＴ技術の進化によってダブルワークでも効率的に仕事を進められる環境は揃っています。しかし、同時にやはり、今のあなたの一日の中で少しでも「時間」を生み出さないことには「準備」をするための土俵にも上がれません。

「でも、ただでさえ会社に一日の大半の時間を使っているのにどうやって時間を生み出すの？」

そう思われるかもしれませんが、これが意外に生み出せるものなのです。

逆に、「時間を生み出す」という意識になると、「毎日、どれだけの時間を無駄に過ごしていたのか」ということに気付くと思います。

たとえば、朝夕の通勤電車の中。得意先に向かう電車の中。昼食休憩中。そういったほんのちょっとの時間に、今まではスマホでゲームしていたところを「スマホでリサーチ」する。このように変えるだけで、「準備の時間」は作れます。そもそも、副業・起業しようというのであれば、スマホ、またインターネットは「ただ見聞きするだけで時間とお金を浪費するもの」から「お金を生み出すもの」にすべきです。お金を払う側がいるなら、当然お金をもらう側がいる。だから後者に回るべきだということです。

このようないわゆる「すきま時間」は、よくよくチェックすると会社で過ごす一日のそこかしこにあると思います。そもそも、あなたは本書をいつ読んでいますか？ その時間もすでにあなたが生み出した素晴らしい「準備の時間」と言えます。その調子でどんどん生み出していきましょう。

「時間を生み出す」というと「睡眠時間を削る」ということも考えざるを得ません。私が知っている人で、やる気がみなぎっていて「絶対に起業する！」という意志が強く、毎日通勤と仕事で16時間も拘束されているにもかかわらず、睡眠時間3時間で頑張って起業準備した人がいます。その人は毎年何億も売り上げる起業家になりました。

ただ、あなたにいきなり「毎日3時間しか寝るな」というのもきつい話です。それに、睡眠時間を切り詰めすぎると睡眠不足でパフォーマンスが落ちますし、体調を崩してダウンしてしまうこともあります。それ以前に「そこまで無理したくない」というのが本音でしょう。確かに、無理しすぎても長続きしませんので、あなたの現状を見ながら毎日続けることが可能な「少しだけ切り詰めた睡眠時間」を決めてみてください。

おすすめなのは「朝、出勤前に『準備』の時間を作る」ことです。つまり、就寝時間はいつもと変えず、起床時間を30分〜1時間早めて、脳がスッキリしている状態で「準備」をする。これだと深夜に眠い目をこすりながらやるよりも作業効率が断然良くなります。

実際に、その早朝の「準備」を自宅ではなく、始発近くの通勤電車に乗り込んで空いている車内で行なったり、あるいは出勤前に会社近くのカフェで行なっている人もいます。私は自宅のほうが集中できるタイプですが、あなたが自宅だと気が散ってしまうタイプであれば、そうした方法でさらに作業効率をアップさせることができます。

もちろん、週末、会社が休みの日はわざわざ時間を生み出すまでもなく「準備三昧」ができます。ただ、時間がありすぎるとかえって集中力がなくなり、ダラダラ過ごしてしまうことも往々にしてあります。なので、丸一日時間が取れる日であっても、たとえば「朝2時間」「午後2時間」「夜2時間」といったように、2時間程度で区切ることをおすすめします。また、家族との時間も必要だと思いますので、その時間もある程度確保しつつ、時間のやりくりをしていきましょう。


時間のやりくりと言えば、やりくりすることでさらなる「良い効果」が生み出されます。それは「本業の生産性が上がる」ということです。時間を生み出すために「本業の仕事をなるべく早く終わらせよう」と考えるようになるので、集中力が高まり、無駄な作業をしなくなる。

たとえば会議も結論を早められるようになったり、得意先回りのルートももっと効率的な回り方を考えられるかもしれない。その結果、今までかかっていた時間の7～8割程度で仕事を終わらせることができるようになるのです。そして、今までは残業続きで帰りが遅かったのが、定時で帰れる日も作れるようになり、「準備」の時間をさらに増やすことができます。

もちろん、こうした「生産性の向上」は、「準備」においても同様です。人間、時間がたっぷりあるとかえってやらないもの。逆に、時間がないと、できるだけ効率的にやろうとするものです。なので、今の段階では「本業で大半の時間を奪われているのに時間なんて作れない」と思っているかもしれませんが、やってみれば意外に時間は作れるし、「奪われている」と思っているその時間の中にも「すきま時間」が多々あることにきっと気が付くはずです。

こうして、まずは時間を生み出すことから始めてみましょう。それが「準備」の第一歩です。

◆ここがポイント
**会社の仕事にいくら時間を奪われていても、「準備」の時間は生み出せる。そしてあなたの生産性も上がる。**

## 「準備」を始めると会社の仕事が「やらされ仕事」でなくなる

さらに、「準備」をし始めると、会社の仕事に対する見方が「良いように」変わります。どういうことかと言いますと、たとえば副業や起業をしようと思うと「マーケティング」「セールス」「ＩＴ」「コミュニケーション」などのさまざまなスキルを磨くことが必要になってきます。

なので、それらを勉強する必要が生じるわけですが、本や教材で勉強するだけでは知識を得るだけで、スキルが身につくまでには至りません。スキルを身につけるには「実践」が必要です。

その際、あなたはすでに恰好の実践の場を持っています。

そう、「会社」です。

会社は言うまでもなくビジネスをしており、「マーケティング」「セールス」「IT」「コミュニケーション」などを日常的に行なっています。

この環境を利用しない手はありません。そうです。「したたかに」使うのです。

自分が学んだマーケティング戦略を、会議の資料のスライドに入れてプレゼンしてまわりの反応を見る。

自分が学んだセールスの方法を得意先に実践して相手の反応を見る。

自分が学んだ文章の技法を社内メールや社内チャットに活かして相手の反応を見る。

このように、あなたが副業・起業のために学んだことは、会社という環境を使ってテストすることができるのです。

こうなると、今までは「やらされ感」しかなかった仕事が一転、あなたの副業・起業を成功させるための、実力を付けさせてくれるチャンスに変わります。そうすれば、会社の仕事に対する見方が「良いように」変わり、働き方も積極的になっていくはずです。嫌いで仕方がなかった上司も「テストの対象」として見るようになるので、あなたのストレスもいくらか軽減されるかもしれません(笑)。

もちろん、こうしたことは会社にとっても悪いことではなく、会社の業績アップや社内のコミュニケーションの向上につながるので、むしろ「歓迎すべきこと」といえます。副業を容認する会社が期待することの一つは、まさにこういった好循環なのです。会社に貢献しながら自分のスキルもアップさせられる。こんな理想的な「準備」ができるのは、あなたが会社にいればこそです。なので、会社から自由になるための「準備」をすることで、逆に会社からの評価が上がることになるかもしれません。そういう評価を受けつつ、惜しまれながら会社を去るというのがベストな形だと思います。

◆ここがポイント

**「準備」は会社の仕事の取り組み方を変える。よって会社にも喜ばれる。**

## 会社に感謝するようにもなる

こうして、会社の仕事が「やらされ仕事」でなくなり、会社の仕事に対する見方が「良いように」変わると、もう一つの「良い変化」があります。それは、「会社に対する不平不満、あるいは上司・同僚・部下に対する批判や文句が出てこなくなる」ことです。

不平不満・批判・文句が出てくるのは、会社にしがみついて、会社に期待しすぎているからです。

しかし、「準備」を始めて会社から自由になることを目指し始めたあなたは、もはや会社にいい意味で期待しておらず、「学んだことの実践の場」としてとらえているので、心にゆとりが生まれています。

なので、気がつけば会社や上司の言うことに耳を傾け、同僚や部下を信頼し、支援し、励ましている自分がいることでしょう。その結果、お互いの関係性が以前よりも良好に保たれるという副産物も得られるはずです。

心理学ではお互いの希望が反映された世界を「上質世界（Quality World）」と言うそうですが、あなたが「傾聴」「信頼」「支援」「励まし」を行なうことで、会社の仲間とあなたの「上質世界」が築かれていくことになります。そして、今まで不平不満だらけだった会社に対しても、『準備』をさせてくれている」「学んだことをテストさせてくれている」という感謝の心が湧き起こることでしょう。

あなたが今、会社にどのような思いを持っているかはわかりません。しかし、会社はあなたの「準備」を容認し、テストもさせてくれます。また、「準備」の段階であなたが活かせるスキルの中には、会社で培わせてもらったものもあると思います。なので、いずれ「会社をクビにする」にしても、「今まで本当にありがとうございました」という感謝の心は持っていたいものです。

と、偉そうに言っている私ですが、実は自分が会社員だった頃には一度たりとも「傾聴」「信頼」「支援」「励まし」をしてきたことがありません（苦笑）。当時は会社から自由になれる道があることを知らず、安月給で普通に生活しているだけでも生活費が足りず、銀行のカードローンにお世話になっていたことに怒りの感情しか湧かず、不平不満→転職→不平不満→転職のループを繰り返していたのです。

ただ、会社員時代の最後の最後に、その時勤めていた会社の社長だけは、唯一尊敬できる方でした。当時、ある社員が「こうしたほうが売上伸びるんじゃないですか？　なぜそうしないんですか！」と社長に食って掛かる場面に遭遇したことがあります。その時、社長はこう言い放ちました。

「だったら自分で起業しろ！　そしたらおまえの好きなようにできるだろ！」

私にはその言葉がとても新鮮に聞こえました。「俺の言うことを聞け」という感じではなく、「自分の道が正しいと思うなら自分でやってみろ」と、チャレンジを焚き付けるようなメッセージだったので、「なんか今までの社長とは違うな」と思ったのを今でも覚えています。また、「だったら自分で起業しろ」。これは確かにごもっともだな、という思いもありました。

その後、実は私は会社のことではない別のさまざまな原因で精神的な病になり、それが苦しくて退職を申し出たのですが、社長は「ウチを辞めたら食っていけないだろ？　だからまだウチにいろ」と言ってくれたのです。そして、インターネットの存在を知って「準備」を始め、今度は「独立するので退職します」と言ったら、「よかったな。これでもう大丈夫だな。頑張れよ！」と励ましてくれました。なので、この会社の時だけは文字通りの「円満退社」でした。

なので、この社長との出会いがあったから、今の自分もあると言っても決して言い過ぎではありません。ですから、今でもとても感謝しています。そのおかげで、私も「今まで本当にありがとうございました」という心からの感謝とともに、最後の会社を去ることができました。

**◆ここがポイント**

**会社の仕事も「準備の一部」になると、不平不満も出なくなり、感謝が生まれる。**

## 「準備」の結果は気にするな

さて、「会社から自由になるための準備」、具体的には副業・起業を始めることを考えだした時に、もしかするとあなたには「失敗したらどうしよう」という思いが頭をもたげてくるかもしれません。

ただ、考えてみてください。あなたは会社を辞めてから準備するわけではありません。副業・起業の収入が会社の給料の額を超え、「これだけで十分やっていける」という状態になってから「会社をクビにする」わけです。つまり、仮に失敗しても何もかも失うわけではないので「どうしよう」などと考えることは必要ないのです。

現在のような副業容認の動きがなかった頃は、会社にバレたら困ると思って、十分な準備もしないうちに会社を辞めて起業する人がいました。その結果、うまくいかず、辞めた会社に戻ることもできず、再就職もできず、まさに「何もかも失う」というケースもあったようです。

しかし、今はそんな無謀なことをする必要はありません。会社にいて、会社も「学んだことの実践の場」として活用しながら、したたかに準備することができるのです。なので、安心してください。

ただ、一方でそこを逃げ道にはしないでください。「ダメでも会社がある」というのは、「だから思い切ってチャレンジできる」と前向きにとらえるなら良いのですが、逆に「会社がある」ことに安心しすぎてしまうと「準備」が進まないことにもなりかねません。

ところで、さきほどから「失敗」と言っていますが、そもそも私の辞書には「失敗」という言葉はありません。私の場合は「うまくいかないという結果を得た」というふうに解釈しています。

これは単なる言葉の置き換えではありません。たとえば全然売れなかった、お客さんが全然集まらなかったとしても、それは「そういう結果を得た」ということで、私は「次に思った通りの結果が得られるようにするためのデータ」として扱います。

そもそも、自分でビジネスをする場合には、思い通りに進まないことのほうが圧倒的に多いのです。しかも、何度も何度も…。たいていは予期せぬことが起こり、うまくいかない。これは私の経験でもそうですし、まわりの起業家仲間も一人として例外はありません。会社員のように敷かれたレールの上を進むわけではないのでそれが当然なのです。

なので、「うまくいかなくて当たり前」くらいに思ってください。ちょっとうまくいかなかった程度で気が滅入っているようでは成功はおぼつきません。なぜなら、成功している起業家は例外なく、「何度うまくいかなくてもあきらめず、うまくいくまでやり続けたから成功できた」からです。

もう一つ、私の辞書に「失敗」という言葉がないのと同じく、「成功」という言葉もありません。感覚としては「やり遂げた」という感じです。もちろん「うまくいったというデータを得た」とも解釈しています。

何度うまくいかなくてもあきらめず、うまくいくまでやり続けることができるのは、会社にいる間に果敢にチャレンジできるからでもあります。もしも会社を辞めてからそんなチャレンジを始めていたら、うまくいかない状態が続けば無収入や赤字が続くこととなり、金銭的に苦境に立たされて「準備」どころではなくなってしまいます。

その意味でも、これから「準備」を始めようというあなたには、結果なんて気にせずどんどんチャレンジしてほしいと思います。どうせ最初はうまくいかないので（笑）。

ただ、その経験を積み重ねるうちに、「こうすればうまくいかない」というデータが自分の中に貯まりますので、あきらめずに継続すれば最後には必ずうまくいきます。まさに「うまくいくまでやり続ける」からうまくいくわけです。

よく「あの人は才能があったんだ」と言われることがありますが、その才能とは「何度うまくいかなくてもあきらめずにやり続けた才能」だと私は思っています。

◆ここがポイント
**「準備」は結果にこだわることはない。うまくいかなくても、「うまくいくまでやり続ければ」誰でもうまくいく。**

## 「Xデー」は確実にやってくる

さて、ここまでで、「あなたは必ず準備しなければならない」ことをお伝えしてきましたが、そろそろ「準備するための心の準備」はできたでしょうか？　「このまま会社に居続けていいのだろうか？」と迷っていたあなたのことですから、きっと心の準備もできたことと思います。

一方、もしかするとまだ「準備」を面倒に感じてしまう人もいるかもしれません。その場合は、会社に居続けることに迷いはあるものの、結局は会社にいるのが心地よいのかもしれません。なにより、慣れた環境で慣れた仕事をしているのは楽ですし。また、そもそも日本人は調和を重んじ、環境に影響されやすいので、まわりとうまくやっていこうと思ってしまいやすい。しかし、それではまさに「ゆでガエル」まっしぐらです。なぜなら、会社からの「Xデー」は確実にやってくるからです。

それはリストラ通告や倒産、Ｍ＆Ａでなくても、たとえば上司を見て「あんな疲弊した顔になりたくない」と思っていたのに昇進の辞令が下されるとか、あるいは地方転勤の辞令、違った部署への異動など、さまざまな形で訪れると思います。それまでに「準備」をしておかないと、結局は会社の言うことを聞くしかなくなります。そしてますます会社から抜け出せなくなる。あるいは、会社がなくなってしまい、場合によっては職種ごとなくなってしまって再就職もできない。そうなれば「ゆでガエル完成状態」です。

結局、いかに逃げ回ろうとも「準備しない人に明日はない」のです。「貧乏」になり、自分も家族も守れなくなるのです。アベノミクスはことさらに経済効果や雇用増大効果をアピールしますが、あなたにそんな実感はありますか？　あるはずがないです。私に言わせれば、あんなのは詭弁です。政府にとって都合のいい数字だけピックアップしたに過ぎない。騙されてはいけません。そんなものを信用して沈みゆく船にしがみつくような真似だけは絶対にしないでください。「いつか」「そのうち」ではダメなのです！

「準備」に限らず、何事も最初のスタート、いわゆる「ゼロイチ（0⇒1）」は不慣れなこともするので大変だったりします。これが「面倒だ」と感じてしまう大きな理由の一つだと思うのですが、しかし、一度スタートさせればあとはスムーズに進み始めます。なので、最初のスタートさえ頑張れば、あとは大丈夫だと私は断言します。

そして、「準備」を面倒だと感じる人は、副業・起業を大げさに考えすぎているのではないかと思います。確かに一昔前なら、大金を投じて決死の覚悟でやらなければならなかったかもしれません。しかし、インターネットが登場してからは少なくとも、そこまでの大金は必要ありません。私の場合はパソコン代の20万円程度から始めています。しかも、現金がなかったのでカードローンで払いました（笑）。

副業・起業のために何か調べごとをする際も、インターネットですぐに情報を得ることができます。また、最近は副業・起業関連のノウハウなども、セミナーの模様を収録した動画がユーチューブ（YouTube）などでいくらでも見ることができるので、容易に入手できます。しかも、これらの情報や動画といったコンテンツは無料です。以前なら何万円もしたような情報が、今では「コンテンツ自体は無料」という流れになっていて、かなり有益なコンテンツでも無料で見ることができるのです。もちろん、費用をかけられるのであればより中身の濃い有料のコンテンツ、あるいは個別のサポートプログラムにアクセスするのも良いでしょう。

さらに、これらのコンテンツはＷｉＦｉの環境とノートパソコンさえあれば、どこにいても見ることができます。なので、自宅はもちろん、会社近くのカフェでもＯＫ。これにより、調べ物やセミナーをするためにどこかへ行く時間のロス、また交通費を大幅に減らすことも可能です。

このような環境が揃っているから、いきなり会社を辞めて時間を作る必要などはなく、会社勤めを続けながらでも十分に準備ができるのです。そして、パソコン１台あればできることは多いので、準備のハードルは決して高くないのです。

だからこそ、今、あなたは「準備する」の一択なのです。

「Xデー」が来たら、あなたは自分自身を守れますか？　大切な家族を守れますか？

「守れる」と言い切れるのであれば準備の必要はありません。

しかし、「自信がない…」ということであれば、それはあなたの人生の主導権を会社に握られているなによりの証拠です。

さあ、「準備」を始めましょう。

「準備」は、与えられた仕事をこなす受け身の毎日から、もっと能動的に動いてあなたの人生を切り開く第一歩なのです。

◆ここがポイント

**「準備」をしてもしなくても、「Xデー」はやってくる。守るべきものがあるなら迷わず「準備」せよ！**

# 第2章
# 私の「準備～起業」ダイジェスト

## インターネットでチャンスをつかむ

前章で、「サラリーマンは、『会社に頼らなくても自分の力で稼いでいけるようになる準備』が例外なく必要だ」ということを理解していただいたと思います。それを受けて本章では「準備〜起業」の一つの参考事例として、私がどんなふうにして会社勤めから脱却し、現在のように「10社・1協会」を所有するまでに至っているのか？　そのダイジェストをご紹介したいと思います。

念のために付け加えておきますが、これからお伝えしていく内容はあくまで参考事例であり、「このとおりにやってください」ということではありません。そもそも、私が「準備」を始めたのは2003年で、インターネットはあったにせよ、今のような恵まれたＩＴ環境にはまだなっていませんでした。なので、今のほうがもっといろいろな手段を利用できますし、作業も当時よりももっと効率的に行なうことができます。

ただ、「時代の転換期の波に乗ることの重要さ」。これはぜひ感じてください。そして、前章でもお伝えしたとおり、今まさに新たな「時代の転換期」が来ていますので、ぜひとも行動を起こしてこの波に乗ってください。今の波に乗らないと、その後10年以上チャンスが来ません。独立できないわけではありませんが、今から始めるよりもかなり苦労を強いられることになるはずです。

では、いってみましょう。

２００３年・秋。

理不尽な会社や上司に腹を立て続けていたのに会社から給料をもらうことしか生きていく術を知らず、転職を8回も繰り返していた私は、インターネットの存在を知りました。

パソコン1台で、世界中とつながることができる。その興味にいてもたってもいられず、無理にカードローンからお金を引っ張り出して、ネット環境も整え（ちなみに当時はＩＳＤＮよりも前の頃で、回線も細く、表示できるのは文字とちょっとした画像だけ。今のように動画がサクサク見られる時代では全くありませんでした）、貪るようにネットサーフィンを始めます。すると「あること」に気がつき、その瞬間から興奮が止まりませんでした。

「ネットを使ったら稼げるんじゃないか？」

自分の直感が正しければ、ネットで稼いで会社に辞表を叩きつけることができる。しかも、今度はもう転職を考えなくていい。自分がネットを使って自由に好きなように稼げる！　オレはそんな世界を見つけた！　インターネットは希望の光だ！

そう思うと、心臓はバクバク高鳴り、マウスをつかむ手の震えが止まりませんでした。

私は山形県の片田舎に生まれ育った人間で、当時も実家暮らし。転々としていた会社もすべて地元か隣町にありました。それまでは起業なんて全く考えたこともなく、仮に考えたとしても「こんな人の少ない場所でできる起業なんてほとんど無理」と、すぐにあきらめていたはずです。

しかし、インターネットがあれば、そんな片田舎にいる自分でも全国の人たちを相手に取引することができる。こんなチャンスを見つけて興奮しないほうがおかしいです（笑）。

その興奮が抑えきれず、それからは仕事から帰るとすぐに検索窓に「稼げる情報」「ネットで稼ぐ方法」といったキーワードを入力し、検索結果に出てきたサイトを片っ端から見ていく日々。

その中で一番に私の目を引いたのが「ヤフオク」です。

なぜか？　それは「不用品を売る」ということで、仕入れも元手も必要なかったからです。

そして、試しに自分が持っていた「タカミネ」というメーカーのギターを出品したところ、友達に売ってもせいぜい1000円か2000円にしかならないようなそのギターがなんと「2万5000円」で落札。この時、私の興奮は最高潮に達しました（笑）。

幸い、私の自宅のガレージは不用品の山でした。それらを次々と出品し、本来なら粗大ゴミに出して処分代を払わないといけないようなものが次々と落札され、落札者さんからは「ありがとうございました」と感謝のメールが届く。これには「会ったこともない人から感謝されるなんて、ネットってすげー！」と改めて感動しました。その感動とともに、気がつけば私は3ヶ月間で100万円ものお金を手にしていました。

その後、さすがに不用品がなくなってきて必要なものまで売り始めたのですが、それも限界を迎えたため（笑）、今度は「ヤフオクで落札されやすくするノウハウ」をWindowsの「メモ帳」

でまとめて、ヤフオクの「情報」カテゴリーに出品しました。今なら電子書籍が一般的ですが、当時はその方法が見つからず、「メモ帳」を使うことしか思いつきませんでした。今考えたら「メモ帳」に書いたデータを売るなんて暴挙ですね（笑）。

この「情報」の出品は、ぜひやってみたいと思っていたことでした。これは私自身がヤフオクを始める際に、出品する方法がわからなかったので「ヤフオクで不用品を売って稼ぐ方法」という情報をまさにヤフオクで買っていて、その経験から「ネットではモノだけではなく『情報』も売ることができる」ということがわかっていたからです。

「情報が売れる」。しかも「個人で作った情報」が。これを知った時の、体の中を電流が走り抜けたかのような衝撃は今でも忘れません。自分が情報を提供してお金をもらうなんて考えたこともなかったので、まさに青天の霹靂でした。

それまでの「売っている情報」といえば新聞や雑誌、本であり、どれも一個人が簡単に出せるものではありません。それが、自分で情報を作ってすぐにネット上に出品できて、それを買ってくれる人がいるというふうに変わった。まさに「時代は変わった」です。その体験を自分でも早くしてみたくて、せっせとメモ帳に情報をまとめ上げ、心を躍らせながら出品したのを今でもよく覚えています。

すると、私の情報はなんと、毎月１００〜２００万円も売り上げるようになりました。しかも、情報ですから仕入れ原価はありません。経費と言えば、「注目のオークション」の掲載料程度です。

銀行通帳にそれまで見たこともないような入金の行列、そして残高の数字が刻まれているのを見た時、私は心の中で力強いガッツポーズを何度も決めました（笑）。

そして、第1章でもお伝えしたとおり、それまでの「やってられるか！　辞めてやる！」という辞め方ではなく、「起業するので辞めます」と、穏やかに辞表を提出して最後に勤めた会社を円満退社したのです。自分のパソコンにインターネットをつないだ日から1年半後の２００５年３月のことでした（重ね重ねですが、会社や上司というものが私にとっては憎悪の対象でしかなかった中、唯一、最後に退職した会社の社長には大変お世話になりました）。

ここまでが、〝結果的には〟私の「会社に頼らなくても自分の力で稼いでいけるようになる準備」でした。〝結果的には〟と言ったのは、「さあ、準備をしよう」と思って始めたことではなかったからです。インターネットの可能性に興奮し、その可能性を信じて夢中で突っ走った。なので、正確には「準備」というよりも「没頭」という言葉のほうがしっくりきます。そして、これがうまくいけば会社勤めから解放されるという絶好のチャンスだったので「絶対に稼いでやる！」という野心もすごく持っていました。この野心は、あなたが「準備」を始める時にもぜひ持ってほしいと思います。適当な気持ちで始めると適当な結果しかついてきません。「やるならとことんやれ！」です。

さて、毎月何百万円も売り上げたことで税金のことが気になった私は地元の税理士さんに相談しました。すると「節税ができるので会社にしたほうがいい」と言われたので、すぐさま「有限会社サマーウインド」という会社を設立。「サマーウインド」は、カリフォルニアのサーフ・ロック・バンド「ザ・ビーチボーイズ」をイメージしたものです。意味はもちろん「夏の風」ですが、たまに「サマーウインドウ（夏の窓）」と勘違いされます（笑）。自分が会社を作ることになるとは思ってもみないことでしたが、勤めていた頃の会社は最後の一社以外全部嫌いだったのに、自分が作った会社はとても大好きでした（笑）。

その後は、さきほどの「ヤフオクで落札されやすくするノウハウ」のような「情報コンテンツ」をヤフオクではなく「ホームページで売る」ことを覚えたので、さっそくホームページを作り、そして「情報コンテンツをネット上で販売して稼ぐノウハウ」をまさに情報コンテンツとしてまとめて販売しました。いよいよ本格的なネットビジネスデビューです。

それまで、ホームページはもっぱら「見るもの」でしかありませんでした。しかし、それを自分で作ることができる、しかも自分で作ったホームページから商品が売れると知った時、私はすぐにホームページ作成のために必要なＨＴＭＬの知識を覚え始め、「ホームページビルダー」という作成ソフトを使って夢中になって自前のホームページを作り上げていました。

ＨＴＭＬはヤフオクの出品ページを作る際にも必要だったので多少の心得はあったつもりでしたが、自前のホームページを作るためにはその10倍くらいの知識が必要で、最初のうちはなかなか骨が折れました。しかし、それでも突き抜けられたのは「自分のホームページをネット上に誕生させたい！」という心からの想いがあったからです。

かくして、私史上初、私の運営するホームページがネット上に誕生しました。

ところが、作ったホームページの存在をどうやって知らしめればよいのかがわかりません。当時はＳＥＯ（検索結果の上位に表示されるための技術）には詳しくなかったので、たくさんの人に見てもらえる方法がわからなかったのです。

「あ、そうだ、あれを活用しよう」

私が思いついたのは、「ヤフオクで落札されやすくするノウハウ」を買っていただいたお客様にホームページ開設と新たな情報コンテンツ販売のお知らせメールをすることでした。現在ヤフオクは「取引ナビ」という機能を使ってお客様とやりとりする形ですからお客様のメールアドレスが取れませんが、当時はメールでのやりとりでしたので必然的にメールアドレスが取れていたのです。

ちなみに、現在では「特定電子メール法」というものがあり、ビジネス用のメールを送る際には相手方からそれを受け取ってもよいという承諾（これを「オプトイン」と言います）が必要です。しかし、当時はまだこの法律が整備されていませんでしたし、なによりすでに取引のあるお客さんでしたから、自分のメールは好意的に受け取ってもらえるはずだと思っていました。

メールでは、いきなり「販売しました！」というお知らせをせず、まずは「おかげさまで独立しました」という報告と、「独立第一弾の商品を作っています。出来上がったらお知らせします」という予告を行ないました。そのほうが、お客様の期待も高まって、販売開始した際に一気に売れていくと思ったからです。いわば、弓矢の矢を極限まで引いておくといったところでしょうか。

この作戦が功を奏し、販売開始直後１週間以内でなんと３００万円以上もの売上を上げることができました。「独立おめでとうございます！」という返信をたくさんいただいたこともとてもうれしかったことを覚えています。

そして、実はこの時から12年以上経つ現在に至るまで、私が行なっているビジネスは基本的には全く変わっていません。それはすなわち、

**「情報コンテンツをインターネットで販売する」**

というビジネスです。

まずは既存のお客様のメールアドレスに予告メールを出す、というのも変わっていません。ただ、それだけだと新規のお客様が増えないので、並行して新規のお客様を集め続けるようにはなりました。

変えているのは、取り扱う情報コンテンツだけ。**この情報コンテンツを、その時その時の「半歩先」の時流を読んで、ライバルに先んじて開発し、リリースしてきた。**言ってしまえばたったそれだけのことを繰り返してずっとメシを食べてきているのです。

◆ここがポイント

インターネットの到来による「時代の転換期」をフル活用し、「情報コンテンツをインターネットで販売する」というビジネスモデルをいち早く立ち上げたおかげで今の私がある。その経験からも、あなたは今訪れている「時代の転換期」を必ず有効活用すべきである。

## 2億1000万を売り上げた「たった一つの情報コンテンツ」とは

では、私がその後、どう「半歩先」を読み、具体的にどんな情報コンテンツをリリースしてきたのかを次にご紹介したいと思います。

その前に、そもそもなぜ「半歩先」を読む必要があるのか?

それは、いつまでも同じようなことをしていると後からどんどん出てくるライバルに埋もれてしまうからです。

私が「情報コンテンツをネット上で販売して稼ぐノウハウ」を自分のホームページで販売して300万円以上売り上げた時も、その後、全く同じやり方で同じようなノウハウを販売する人たちがどんどん現われました。

「そりゃ、そういうノウハウ売ったんだからそうなるだろ」

という声が聞こえてきそうですが、ネットで見かける「私と同じようなノウハウを売っていた人たち」は、ほとんどが私のノウハウの購入者ではありませんでした。

しかし、結果的にはまるでクローンが増殖したかのように、気味が悪いくらい「情報コンテンツをネット上で販売して稼ぐノウハウ」を売る人だらけになってしまったのです（苦笑）。情報コンテンツをネット上で売るというのはやり方さえわかれば誰でもできてしまうので、参入障壁が低くライバルが増えやすかったのでしょう。

こうなると、同じことをしていては必然的にその中に埋もれてしまい、売上も減ってしまいます。

そのため、私は次の一手を考える必要に迫られました。

この時に重要だと考えていたポイントが、まさに「半歩先」の時流を読むことでした。

なぜ「一歩先」ではなくて「半歩先」なのか？

それは、「一歩先」だと先に行き過ぎて、多くの方にはまだピンとこないために反応が薄いからです。一方、「半歩先」であれば、ある程度の方がそのことについて興味を持ち始めている段階なので、ライバルが誰も手を付けていないうちにリリースすればブレイクしやすくなります。

この時私がたどり着いた「半歩先」は、「競馬」の情報コンテンツを販売することでした。

きっかけは、ユニークな競馬必勝法を確立していたAさんと出会ったこと。ちなみにAさんはギャンブルとは遠いイメージにある「税理士さん」だったのでびっくりしました（笑）。しかもこの必勝法で、Aさんは競馬を「稼げる副業」にしていたのです。

そこで、私も実際にAさんのノウハウどおりに馬券を買ってみました。すると、一定割合で的中してちゃんと利益になるのです。

「これはすごい…」

それまで自己流の予想で年間10万円の利益を出すのがやっとだった私は頭をガーンと殴られたようなショックを受けました。

ご存じのとおり、競馬は昔からある公営ギャンブルで、熱狂的ファンが多数います。それを反映して、競馬必勝法の情報コンテンツも以前からすでにあるにはありました。ただ、私も競馬好きなのでリサーチを兼ねていくつか情報コンテンツを買って読んでみたのですが、正直言ってどれも「ショボい」の一言でした。なにより、書かれている方法で予想しても当たらない（苦笑）。

「間違いない。このカテゴリーに入ってAさんの競馬必勝法を販売すればいける！」

そう確信するまでに時間はかかりませんでした。

競馬はみんながすでに知っている。でも、みんなを満足させる必勝法が出ていない。だからこそ「満足できる、全く新しい必勝法」が求められている。つまりそれが「半歩先」の状態だと読んだわけです。

私はすぐさまAさんに「この必勝法を情報コンテンツとして販売しませんか？」と提案しました。

Ａさんの情報コンテンツを私がプロデュースして売るというジョイントベンチャーを持ちかけたのです。

結果は「ＯＫ！」。私がネットで情報コンテンツを販売した実績を認めてくださり、話はスムーズに進みました。

この時、私の中にはすでに、あるキーワードが浮かんでいました。

「投資競馬」。

競馬はギャンブルじゃない。投資だ！　その根拠はこの必勝法があることだ！

このメッセージの建て付けは、私も含めてたいした必勝法がなくてフラストレーションが溜まっていた競馬ファンの心をつかむと確信しました。

かくして、この「税理士の投資競馬ノウハウ」を、まずは例によって自分のお客様のメールアドレスに予告した後、優先先行販売。すると、販売を開始した初日だけでなんと「３０００万円」も売り上げてしまいました。それまでの最高売上３００万円の10倍。いきなりの大幅記録更新です。

私のお客様リストは競馬に興味のある方のリストというわけではありませんでしたが、「稼ぐ方法」という共通項があったのでうまくいったのだと思います。

その後、「アフィリエイト」というネット上を介した商品販売代理システムを活用して、たくさんのアフィリエイター（紹介者）の方に「税理士の投資競馬ノウハウ」の存在を拡散してもらい、その結果、最終的な売上はなんと「２億１０００万円以上！」自分でも呆然としてしまうくらい突き抜けた売上をたった一つの情報コンテンツで叩き出してしまいました。

誤解のないように言いますが、私は「こんなに売り上げたんだぜ」とあなたに自慢したいわけではありません。そうではなく、「半歩先」の時流をとらえて情報コンテンツを生み出せば、一個人でも一撃でこれだけの売上を上げられる可能性があるということを伝えたかったのです。

「いや、でも2億1000万なんて現実味がない…」

そう思うかもしれませんが、そこまでではなくとも、仮にその10分の1なら2100万、100分の1なら210万。大きな売上には変わりありません。そして、このような売上は**やり方をマスターしてしまえば誰でも作れます。**

そして、さきほどの事例でもわかるとおり、情報コンテンツは他人が持っているものを扱うこともできます。というか、自分が「半歩先」の時流に合った情報コンテンツを持っているケースのほうが稀です。一方、そうした情報コンテンツを持っている「コンテンツホルダー」は、せっかくいいものを持っているのに自分で売る力がないために売れない、あるいは自分では当たり前すぎてその良さに気がついておらず、売れるとも思っていないというケースが多いものです。

なので、コンテンツを持っていなくても「マーケッター」として売る力さえ身につければ、「半歩先」の時流を読みながら、いろんなコンテンツホルダーと組んで無尽蔵に情報コンテンツを生み出し、長きにわたって稼ぎ続けることができます。実際、私がその生き証人です。

**◆ここがポイント**

**「半歩先」の時流に合った情報コンテンツを生み出せば、億単位の売上も夢じゃない。いろんなコンテンツホルダーと組むことで無尽蔵に情報コンテンツを生み出し、長く稼ぎ続けることができる。**

## 「●●の渡部」これが一番の勲章

2億1000万円以上という売上はさすがにネットで情報コンテンツを売るライバルたちからもインパクトがあったようで、私はいつしか「競馬の渡部」と呼ばれるようになりました。

しかし、その栄光は長く続きません（笑）。どういうことかというと、競馬必勝法ノウハウを売るライバルが増えたのです。今、「投資競馬」というキーワードで検索するといろいろなサイトが出てきますが、「投資競馬」というカテゴリーをネット上に確立したのは私です。「投資競馬」という言葉自体はそれ以前からあったようなのですが、ここまでポピュラーになったのは、私が「税理士の投資競馬ノウハウ」をリリースした後からです。誰も言わないので自分で言います（笑）。

「ったく、この分野が売れるとわかるとみんな真似してきて…」

私はそう言ってため息をつきながらも、一方ではそうなることも予想できていたので、早々に競馬必勝法のカテゴリーから離れました。このように、一つのカテゴリーでうまくいってもそれにいつまでもこだわらないというのはとても重要なことです。そのカテゴリーにしがみついていると、すぐにライバルが増えてその中に埋もれてしまいます。

次に私が「半歩先」だと思ったのは「FX（外国為替証拠品取引）」です。今ではポピュラーになっているFXですが、当時はまだ黎明期で、これから注目を集めようとしている頃でした。そこでさっそく私も「税理士の投資競馬ノウハウ」で稼いだお金のほんの一部を使って取引を始めてみたのですが、見事に損失を出し続けました（笑）。

ただ、これは想定内のことで、ひとまず体験しないことにはこの世界のことがよくわからなかったのでやってみたというのが正直なところです。

自分でやってみて損失を出しましたので、「素人が自力でやっても勝てない世界だな」というのはすぐにわかりました。ということは、そこにチャンスがある。「FX必勝法」の情報コンテンツがあればまた大きく売り上げられると読んだわけです。

そこで、この分野ですでに売られている情報コンテンツをリサーチしてみると、主に「売買ロジック」（すなわち「勝てる売買ルール」）と「自動売買ソフト」の2種類がありました。

しかし、情報コンテンツのレビューサイトというものがありまして、既存の「FX必勝法」はそこでの評価が軒並み低かったのです。簡単に言ってしまうと、「そのとおりやっても勝てない」「詐欺だ」

などの批判の嵐で、個別のロジックや売買ソフトだけでなく、全部が怪しいというような風潮がありました。

「なるほど、だったらロジックや自動売買ソフトではいくら新しいコンセプトを出してもダメだな。その代わり、全く新しいサービスが生み出せれば一気にシェアを取れる！」

ＦＸがこれから伸びていくのはわかっていたので、私はそう確信して、この「半歩先」のカテゴリーの中のさらなる「半歩先」を読み始めました。

そんな折、私はＦＸの世界で有名なＢさんに独自の売買ロジックを教えていただく機会に恵まれました。そしてそのとおりに取引してみると、見事に大きな利益を上げることができたのです。

この結果はまさに、税理士のＡさんに教えていただいた独自の競馬必勝法を試して勝てた時と同じ。ただ、今回はこの売買ロジックをそのまま情報コンテンツにしても、「売買ロジックや自動販売ソフトは全部怪しい」という風潮に妨げられて思ったように売れないと思われました。

「どうするか…」

その答え、すなわち「半歩先」はすぐに見つかりました。

「Ｂさんの実際の売買をリアルタイムにお客様にメール配信すればいいんじゃないか？」

つまり、具体的に「いつ・何を・いくらで・どれだけ売買するか」という情報をメールで配信するというわけです。これならお客様は自分であれこれ考える必要もなく、ただ指示どおりに売買するだけで利益を出せます。しかも、配信する売買指示はＢさんが実際に行なう売買ですから説得力もあります。

ただ、それでも「全部怪しい」という風潮の中、私の考えた売買指示配信サービスもその風潮に飲み込まれてしまう可能性がありました。そこを解決するためにはどうしたらいいのか？

その答えは、どうしたらお客様が信用してくださるのか？　を考えたらおのずと見えてきました。

「よし、無料で1ヶ月試してもらおう！」

それまでの情報コンテンツは購入してからでないと中身がわからないものばかりでした。しかし、それでは「怪しい」という見られ方を払拭できません。だから、興味のある人にメールアドレスを登録してもらい、そのアドレスに無料で1ヶ月間売買指示を配信して、その実際を見てもらった上で判断してもらおうと考えたのです。これは情報コンテンツの域を超えた「情報提供サービス」と言えるでしょう。

正直、わずか1ヶ月間ですので、この期間の売買の結果（収支）はプラスの時もあればマイナスの時もあります。マイナスなら「やっぱり勝てないじゃないか」という批判も来るかもしれない。しかし、その点に関しては最初から「月間ではマイナスになる時もあります」と正直に伝え、一方で「投資に連戦連勝はありません」という事実、さらに「長期運用していればプラスです」という事実をアナウンスすることでフォローしました。

結果、この「無料１ヶ月お試し」が功を奏して、月額５万円という会費にも関わらず、６００名以上の方が会員になってくださいました。つまり、その後、毎月３０００万円以上の売上が上がり続けたわけです。

ちなみに、月額５万円というのは情報提供サービスとしてはかなり高額の部類に入りますが、「そのとおりに売買すれば稼げる」という貴重な情報なので安売りするつもりはありませんでした。とはいえ、それまで売られていた売買ロジックや自動売買ソフトの価格は２〜５万円ほど。そこにいきなり「毎月」５万円というオファーをして果たして売れるのかと不安でしたが、一方で私は募集時にこんなメッセージをお伝えしていました。

「会費はあなたが得る膨大な利益の中から払ってください」

投資というのは、かけた費用以上に利益が得られれば「正しい投資」です。なので、毎月５万円という金額だけを見れば高いかもしれませんが、その何倍もの利益が返ってくるなら安く見えてきます。実際、私はＢさんのロジックで売買して大きな利益を得ていたのでこの点は自信を持ってアナウンスできました。

こうして、私は「売買指示配信」「無料１ヶ月お試し」「月額５万円という高額な会費」という、それまでのＦＸの情報コンテンツには全くなかったものばかりを織り交ぜたことで、「売買ロジックや自動販売ソフトは全部怪しい」という見方をしていた人たちの心もつかむことができ、圧倒的な支持を得ることができたのです。これもまた、「半歩先」を見据えたことがうまくいったという事例です。

すると、今度は「ＦＸの渡部」と言われ出しました（笑）。

この頃から、私は「●●の渡部」と言われることは一つの勲章だと思えるようになりました。なぜなら、そのカテゴリーでの第一人者と言われているに等しいからです。それ以上に、私にはそのカテゴリーでの新機軸を開拓したパイオニアだという自負があります。競馬必勝法というカテゴリーに「投資競馬」というジャンルを確立し、ＦＸの情報コンテンツに「売買指示配信」というジャンルを確立した。さらには「無料１ヶ月お試し」も。これらはいずれも、その後たくさんのライバルが真似るようになりました。すなわち私は「道なきところに道を作ったパイオニア」であり、「競馬の渡部」「ＦＸの渡部」と言われることはその功績も認めてもらえているようでうれしかったのです。

ただし、さきほどもお伝えしたとおり、勲章だと思う一方で、いつまでもその勲章にしがみつくことはしません。なぜなら、「ライバルが真似をするのでそのうち埋もれる」ということもありますが、それ以上に時流はつねに変わるから、つまり「半歩先」もどんどん変わっていくからという理由のほうが大きいです。マーケッターはその「半歩先」をいち早くつかまなければならないので、とどまっていてはいけないのです。なので、ライバルたちが私の真似をしようという頃、当の私は涼しい顔をして次のカテゴリー、次のジャンルに移り、「競馬の渡部」「FXの渡部」という勲章を自ら「伝説」に変えていました。はい、ちょっとカッコつけすぎました（笑）。

◆ここがポイント

**どうせやるなら「●●の○○（↑あなたの名前）」という勲章を得よう。ただし、いつまでもその勲章にしがみつかずに「伝説」にして、颯爽と次のカテゴリーやジャンルを探そう。**

## 一つの実績を「シリーズ展開」で複製する

今、時期を見て「次のカテゴリーに行く」というお話をしましたが、もしも「シリーズ展開」が可能なのであれば、同じカテゴリーでシリーズ化するというのも一つの有効手段です。

私の場合、「FXの売買指示配信サービス」で実績を出したわけですが、この時の取引通貨の対象は「米ドル／日本円（USD／JPY）」だけでした。しかし、取引通貨は他にも「英ポンド／日本円（GBP／JPY）」「ユーロ／円（EUR／JPY）」「豪ドル／日本円（AUD／JPY）」などが存在します。なので、これらの取引通貨でも売買指示配信サービスは需要があると思い、それができるコンテンツホルダーと組んでリリースしました。

また、FXは投資というカテゴリーの中の一つのジャンルであり、投資には他に「株式」「先物」「オプション取引」などが存在します。さらに、株式にはいろいろな投資手法があり、そして先物も「金」「日経225」「NYダウ」など、さまざまな商品があります。これらについても、ほぼすべての売買指示配信サービスを網羅してきました。

これがすなわち「シリーズ展開」です。マーケティングの世界では、これらのシリーズをクロスさせて売るということから「クロスセル」と呼ばれています。このクロスセルを続けたおかげで私は結果的に、投資というカテゴリーに限ってはそこから移ることなく10年以上も年間数億円の売上を上げ続けることができました。現在も絶賛続行中です。おかげさまで、「投資の渡部」という勲章も新たにいただきましたが、それも長きにわたって定着しています。

ちなみに、売買指示サービスはライバルがあまり真似してこなかったのですが、それは私の会社が財務局に「投資助言・代理業登録業者」として登録したことが大きかったためです。さらには自社でファンドを組むことができる「適格機関投資家等特例業務」の届出も行ない、受理されています。「投資助言・代理業登録業者」の登録は審査が厳しいのですが、その審査を通過して「プロの業者」として認められ、「適格機関投資家等特例業務」の届出もできるようになりました。ライバルもさすがにここまでは真似することができず、それが参入障壁となって私はほとんど一人勝ち状態になることができたわけです。

このように、一度実績を出せた情報コンテンツがシリーズ展開できるなら、次のカテゴリーを探そうとしなくても同じカテゴリーで「実績を複製する」ことで売上を伸ばすことができます。

さらに、これは厳密にはシリーズ展開とは言えないかもしれませんが、投資のカテゴリーでは他に、投資の「教育」の事業も始めました。この事業では、売買指示サービスでの実績を引っ提げて、マスコミによく登場するような著名な方々を次々と口説いて講師になっていただいています。

もちろん、シリーズ展開のみならず、新たなカテゴリーへのチャレンジも続けてきました。たとえば、おすすめの副業の鉄板の一つとも言われる「輸入転売ビジネス」の情報コンテンツ。こちらも好評を博し、扱う商品をカメラに絞った「カメラ転売ビジネス」というシリーズ展開もしましたが、ライバルだらけになってしまったため、また「半歩先」を見据えて、全く異なるカテゴリーに颯爽と移りました。そのカテゴリーは自分で言うのも何なのですが、本当にすさまじい可能性を秘めていました…。

**◆ここがポイント**

**実績を出したカテゴリーがシリーズ展開可能なものであれば、同じカテゴリーでクロスセルすることで実績を複製できる。**

## 「半歩先」にとんでもない革命があった

その「すさまじい可能性を秘めていたカテゴリー」こそ、第1章でもご紹介した「フィンテック」です。

2013年頃、この存在を知った私は興奮がおさまりませんでした。

「これは新たな産業革命が来る……！」

インターネットが産業革命を起こし、人々の生活を変えたことはあなたも実感していると思います。グーグルやアマゾン、アップル、マイクロソフト、ソフトバンクや楽天。みんなこの産業革命の波に乗って成長してきた企業です。個人では「ホリエモン」こと堀江貴文さんなどがその象徴的な存在ではないでしょうか。一方、私もこのインターネットの恩恵を受けて、嫌で仕方なかった会社勤めから解放され、そして何年にも渡り、億単位の年商を叩き出すことができました。それほどの大きな変化をもたらす産業革命、そしてそれに伴う生活の変化が再び起こるとなれば、これは当然ビッグなビジネスチャンスになります。

しかも、フィンテックは遠い将来の話ではなく、すでに「半歩先」に来ていると思いました。世間での認知はまだまだ、しかし水面下では確実に盛り上がりを見せていて、もう間もなくメディアなどが取り扱うようになる。そうしたまさに「半歩先」のタイミングだったのです。すでに「半歩先」で大きな実績を上げてきた私でしたので、フィンテックを攻めていくことに迷うことはありませんでした。

ただ、フィンテックをメディアなどが取り扱うようになったきっかけは、私も全く予期していなかったものでした。

そのきっかけとは、2014年に起こった「マウントゴックス事件」です。

マウントゴックス社は暗号通貨の取引所ですが、同社が85万ビットコイン（当時のレートで約480億円相当）と28億円を「ハッキングにより奪われた」として破産し、そのせいで顧客は自分の資産を一瞬で失ってしまった。これが事件の経緯ですが、その後、ハッキングによって奪われた資産は一部に過ぎず、ほとんどは同社代表のマルク・カルプレス氏が社内のシステムを不正に操作し、ビットコイン口座の電磁的記録を改ざんして横領していたとして、同氏は逮捕されます。

ただ、2017年になると「真犯人は別だ」という情報が浮上します。7月、ロシアの「BTC－e」という取引所の関係者であるアレクサンダー・ビニックという人が6年間にわたり約4400億円ものビットコインをマネーロンダリングしていたとして逮捕されるのですが、この人がマウントゴックスから入手した資金もマネーロンダリングした疑いが持たれているのです。

ともかく、2014年に起きたこの事件によって、メディアが事件の報道とともに「ビットコインとはどういうものか」という説明もすることとなり、これがビットコイン、またフィンテックの存在を広く知らしめるきっかけになったのです。

ただ、当時の世間の認知のされ方は「ビットコインは危険。手を出すべきではない」というものでした。ハッキングで盗まれるような通貨は危険極まりないというわけです。

すると、一部メディアから「それは全くの誤解である」という論調が流れ始めました。これは取引所のセキュリティが弱かっただけで、ビットコイン自体が悪いわけではない。実際もそのとおりなのですが、このようにして、ビットコイン関連のニュースでメディアが賑わうようになったことでビットコインやフィンテックの認知度はますます高まっていったと言えます。

こんな予期せぬ事件が起こったおかげで、私が進めていたフィンテックの案件は一瞬、暗雲に包まれました。それでも乗り越えることができたのは、ひとえにこれまでの取引で信頼していただいていたお客様のおかげです。

そのフィンテックで私がまず扱った案件は、リップルラボ社の暗号通貨「リップルコイン（XRP）」の販売です。

ビットコインはすでに先行して取り扱っているところが多かったので、ここに入り込むのは得策ではないと考えた私は、第2、第3の暗号通貨に目線を移しました。その中で、XRPが生み出された目的に注目し、暗号通貨事業の専門会社を通じてXRPの販売権利を得ることができました（余談ですがこの権利を得るために相当頑張りました・笑）。

ちなみに、販売権利を得るメリットは、販売側にとっては「在庫を気にすることがない」こと、そしてお客様にとっては「その時点での最も安い価格で買える」ことです。

そしてなにより、お客様に「大幅な値上がり益」を提供できる期待がありました。推測値はなんと「数年で60倍」。たとえば100万円分のXRPを購入すれば数年後に6000万円分になっているということです。このような値上がり幅は、株式やFXではありえません。

では、なぜそれほどの値上がり益が見込めたのか？　それはXRPが生み出された目的と関係します。

XRPは、主に「銀行と提携して国際送金を安価でスムーズなものにする」という目的で開発された暗号通貨です。国際送金の対象は円やドルなどの法定通貨はもちろん、ビットコインなどの暗号通貨、さらには航空会社のマイルや各種のサービスなどと、かなり多岐にわたります。これらは国ごとに決済プロトコル（決済を実行するために手順を定めた規定）が異なるわけですが、XRPはその決済プロトコルをグローバルに統合することで、「送金手数料を安くして、しかも早く送金ができる」ことを実現しようとしたわけです。

これを知った時、私は「これから銀行がXRPと提携しないはずはない」と思いました。なぜなら銀行にはこの技術はなく、ゆえにこのままでは銀行の顧客が送金手数料も安くて送金も早いリップルラボ社のほうに流れることが容易に予測できたからです。

なので、いずれ銀行との提携が現実になり、XRPの価値は高まると見込めたわけです。しかも、それだけのポテンシャルを秘めていたXRPが、当時はまだ激安の価格（1XRP＝0・65円）だった。だからこそ、銀行との提携が実現した暁には最大数十倍ほどの値上がり幅があると読んだのです。

私は長年投資のカテゴリーでビジネスをしていますので、お客様も当然「投資で利益を出すこと」を望んでおられる方ばかりです。なので、ＸＲＰの販売権利を得ることができた時、「これならお客様に今まで以上に喜んでいただける。もしかしたら、過去最大の売上高を達成できるかもしれない！」と心が踊りました。もちろんですが、当時、暗号通貨取引所以外で暗号通貨を販売するライバルはおらず、さらには暗号通貨関連の情報コンテンツを販売しているライバルもいませんでした。なので、このジャンルでも私は道なきところに道を作ろうとしていたわけです。

ただ、私個人としては単に「自分もお客様も利益が得られるから」という理由でＸＲＰを販売しようと思ったわけではありません。それ以上に、フィンテックという仕組みへの期待のほうが大きくありました。なので、私がＸＲＰを販売することは「今後はこういう時代が来ますよ」という、プロの投資家としてのメッセージでもあったのです。できることならそのメッセージにも共感してもらえたらな、と思い、お客様にこの案件を告知するためのサイトにそのメッセージもしっかり書いて伝えました。

その結果、２０１４年初冬に募集したＸＲＰの販売金額は、なんと5億円を突破。私の会社の純粋な売上高ではないにせよ、一つの案件でお客様からお支払いいただいた額としては過去最高を記録しました。

「でも、『数年で60倍』は達成したのか？」

そんな声が聞こえてきそうですが、達成しました！　しかも最高では「約80倍」です。

私の会社でXRPを販売した時の底値は1XRP＝0・65円でした。それが2017年3月頃から突然高騰を見せ始め、5月には1XRP＝50円を超えた時がありました。なので「約80倍」です。もちろん、レートは刻一刻と変わりますし、お客様が購入した時のレートもまちまちなので、あくまで「最高」での数字です。では「平均」はどうだったかというと、「30倍」です。そのため、私は「5億円を150億円にした渡部」と言われるようになりました（「●●の渡部」よりもインパクトあるかもです・笑）。

では、なぜ2017年3月頃から突然高騰を見せ始めたのか？　その理由は、三菱東京UFJ銀行がリップルのネットワークを利用して国際送金を行なうことを表明したからです。私の予測どおり、ついに「銀行との提携」が実現することになったのです。しかも、日本の主要な銀行が表明したということで、このインパクトがかなり強かったようです。

ちなみに、その三菱東京UFJ銀行は「MUFGコイン」という独自の暗号通貨を2018年より運用しようとしています。さらには、みずほフィナンシャルグループやゆうちょ銀行、地方銀行数十行が手を組み、新たな暗号通貨を生み出そうとしています。個人的には銀行が作る暗号通貨は本来の暗号通貨の理念に沿っていないのではないかと思いますが、そこは本書の本題ではないのでここでは言及しません。いずれにしても、銀行が暗号通貨を生み出す。これもまた、第1章でお伝えした「従来の銀行が『無くていい状態になりつつある』」ことを象徴するトピックです。

いずれにしても、最高80倍、平均でも30倍という値上がりをたくさんのお客様に提供できたのは、「半歩先」のタイミングで販売を開始したからです。とカッコよく言いたかったのですが、結果的には「二歩ぐらい先」でした（笑）。というのは、私の予想ではもっと早く高騰すると読んでいたからです。しかし、実際に高騰したのは販売してから約2年半後。「やっと時代がついてきてくれた」というのが正直な実感です。

ちなみに２０１７年は、日本において、ＸＲＰのみならずビットコインもアルトコイン（ビットコイン以外の暗号通貨の総称）も高騰しました。これは、資金決済法が改正されて、暗号通貨が「貨幣に準ずるもの」と認められたことも大きな一因です。それとともに、ネット上では「暗号通貨で利益を得る方法」といった情報コンテンツや暗号通貨投資のコミュニティがどんどん登場し始めました。しかし、この時点で出てきたライバルたちよりも3年近くもアドバンテージがある私は、彼らとはちょっと次元の違うことをしています。

それは、「ＦＸと暗号通貨の運用を組み合わせた新しい金融商品」のリリースや、「新しい暗号通貨のＩＣＯ（アイシーオー。Initial Coin Offering）」などです。ＩＣＯとは企業やプロジェクトの資金調達手段として株式の代わりに新たな暗号通貨を発行し、これを投資家に購入していただくことで資金調達を達成する仕組みのことです。

ＩＣＯでの暗号通貨の価格は取引所に上場した際の価格よりも割安で、投資家にとっては上場時にその暗号通貨を売却することで大きな値上がり益を得ることができるメリットがあります。また、中にはそのまま保有し続けていると毎月運用益が得られるタイプの暗号通貨もあります。

つまり、２０１７年になって「暗号通貨で利益を得る方法」のリリースや暗号通貨投資コミュニティを運営するようになったライバルたちが「既存、あるいは新規の暗号通貨で利益を得る」ことを前提としているのに対し、私は大元である「金融商品」や「暗号通貨そのもの」を提供しているわけです。

マーケティングの世界には「アメリカのゴールドラッシュの時に一番儲かったのは、金を掘る人ではなく、金を掘るためのツルハシを売った人だ」という逸話がありますが、私はまさにツルハシを提供する側に回っていたのです。そこの優劣を論じるつもりはありませんが、私がライバルの中に埋もれることなく次元の違うことをしているのはおわかりいただけることと思います。つまり、私はここでも「半歩先」を行っているわけです。


さて、ここまで金融関係のお話が続きましたが、私はその他にも「映像スタジオ」「出版」「ホームページ作成」「海外マーケティング」などの分野にも着手しています。

「映像スタジオ」に関しては、「これからは動画コンテンツが全盛になる」という「半歩先」を見据えて所有しました。そして、さきほどご紹介したようなフィンテック関係の案件における詳しい説明を、このスタジオで動画撮影・編集して「オンライン説明会」ということでお届けしています。

今までの説明会は、会場を借りて、お客様に足を運んでいただいて行なっていました。しかし、今ではそのような経費や時間の無駄を無くし、「自宅のパソコン上で」「好きな時にいつでも」見ていただけるようになっており、おかげさまで各案件へのご参加も以前に比べてかなり増えました。

「ホームページ作成」に関しては、今はかつての私のように必死になってＨＴＭＬを習得しなくても、「ワードプレス」というオープンソース（無償で公開されているソフトウェア）を使うことで、文章入力程度のスキルだけでホームページが作れるようになりました。これは私が駆け出しだった頃に比べてＩＴ環境が劇的に良くなった一つの事例でもあります。しかも、かつてはパソコン用のサイトとケータイ用のサイトは別に作らなければならなかったものが、今では一つのサイトでパソコンで表示させた場合とスマホで表示させた場合にそれぞれ自動で最適化した表示をしてくれる「レスポンシブ」という機能も搭載されています。したがって、私の会社もＨＴＭＬだけでなく、ワードプレス＆レスポンシブでのホームページ作成を行なっています。

とはいえ、ワードプレス自体は実は２００３年に発表されているのです。ただ、当時はＨＴＭＬが全盛で、少なくとも日本では見向きもされていませんでした。つまり、この時点ではワードプレスはまだ「時代の先を行き過ぎていた」のです。このことからも、「半歩先」が最適であるということがわかっていただけるのではないかと思います。で、ようやく「半歩先」が訪れたタイミングで私は参入したわけです。

なお、その他の「出版」「海外マーケティング」などの事業に関しては、「半歩先」にこだわらずに私が必要と感じるところがあって展開しています。

というわけで、かなり長くなってしまいましたが、ここまでが私の副業〜起業後のビジネス経歴のすべてです。

ひとことで言えば、私は情報コンテンツや情報提供サービスをプロデュースしてインターネットで販売する「インターネットマーケッター」として起業し、10年以上にわたって毎年数億円の売上を叩き出してきたということです。もちろん、まだまだ言い足りない部分が多いのですが、本書は「私の履歴書」ではなく、メインテーマは「あなたが会社をクビにするための方法」ですのでここまでで止めておきます（笑）。

ちなみに、フィンテック関連以前のビジネス経歴については前著「たたみ一畳から年商10億円まで成長させた凡人の戦略」（つた書房刊）に詳しく書いていますので興味があればお読みください。

ヤフオクという身近なところから始まって、最後はフィンテックという「すぐそこまで来ている近未来」の話まで一気に駆け上がっていきましたが、いかがだったでしょうか。

「なんだかすごすぎて、自分事としてとらえられない」

「やっぱりこれはあんただからできただけ。自分にはとてもできない」

そう思うかもしれませんが、本章の冒頭でもお伝えしたとおり、「あなたもこれと全く同じことをやれ」と言いたいわけではありません。ただ、少なくとも「あなたが会社から自由になればこれだけのことができる可能性がある」ということはわかっていただけたかなと思います。会社の外にはこんな世界が待っているのです。

◆ここがポイント

**新たな産業革命の波は、千載一遇のビッグチャンス。これから来る波なので、あなたがいち早く動き出せばチャンスを掴める!**

# 第3章
# 知識を得るだけで満足するな。四の五の言わずにすぐにやれ！

## 質問するヒマがあったら検索しろ

前章でお伝えしたとおり、私は自らが歩んできた「インターネットマーケッター」の道をイチ押ししたいわけではありません。ネットを使ってできる副業・起業の方法は他にもあり、それらの方法でうまくいった友人・知人もたくさんいます。

では、いったいどんな方法があるのか？

それはあなたが調べてください。

「え？　教えてくれないの？」

そう思ったかもしれませんが、そんな情報はネットで「インターネット　副業」「ネット副業　ネタ」「ネット起業　ネタ」などのキーワードで検索すればすぐにたくさん出てきます。要するに、「インターネットを使ってできる副業・起業にはどんなものがありますか？」という質問をしているヒマがあるなら検索しろ。そのほうが早い。ということです。ネット上で調べれば無料ですぐにわかる情報をわざわざ本に書く必要もないと思います。

これは他のすべての「わからないこと」に関してもそうです。

たとえば、自分のＬＰ（ランディングページ）を立ち上げるためには「サーバー」と「ドメイン」を取得してサーバーにアップロードする必要があります。また、ＬＰにお客様のお名前やメールアドレスを入力してもらう仕組みを作るには「登録フォーム」が必要で、これを作るには、有料のメール配信システムに契約する必要があります。無料で作成できるフォームもありますが、それでは安っぽく見えて「信用」に影響するので、やはり有料のものがおすすめです。

…と、ここまでですでにあなたは

・「ＬＰ」「サーバー」「ドメイン」「アップロード」が何なのかわからない
・必要と言われても、どうすれば取得できるのかわからない

という状態になっているかもしれません。

その場合に絶対やってはいけないのは、「〇〇って何ですか？」「どうすれば取得できるんですか？」という質問を反射的にすることです。なぜなら、その質問の答えはネットで「〇〇とは」「〇〇　取得方法」といったキーワードで検索すればすぐに出てくるからです。要するに、質問したいなら検索窓ですればいい。たったそれだけで、質問する手間や相手からの回答を待つという「無駄」がなくなります。もし、あなたがＬＩＮＥやツイッターをやっているなら、そのやり方は（友人や同僚に教えてもらったのでない限り）ネットなどで調べたはずです。それと同じことをどんどんやっていけばいいのです。

特に、これからネットを使って副業・起業していくのなら、ＩＴ関連の知識やスキルは必要不可欠です。と言うと「自分はパソコンに疎いから…」とか「ＩＴに弱くて…」と尻込みしてしまうかもしれませんが、心配要りません。なぜなら、ＳＥやプログラマーのような高度な専門知識やスキルを求められているわけではないからです。ほとんどはそれこそ「ネットで検索して調べればすぐ

にわかる」ことばかりなので、検索を繰り返せばあなたもすぐにＩＴに強くなれます。

というわけで、ぜひ「わからないことがあったら質問する前にすぐにネットで検索する」というクセをつけてください。

◆ここがポイント

**ネットで調べればすぐに出てくることを質問することほど無意味なものはない。検索せよ！**

## ただし、ネットの情報は鵜呑みにするな

この見出しを見て、「おい！『ネットで検索しろ』って言った後に『ネットの情報は鵜呑みにするな』ってどういうことだ！　じゃあどうすりゃいいんだよ！」と思ったかもしれません。

これを説明するのに、こんな事例をご紹介します。

実は、私が所有している会社の一つについて、ネットで「そんな会社は存在しない」という情報を出している人物がいました。検索しても出てこない。だから、存在しないのだ、と…。

この場合、もしもそのサイトにたどり着いた人が「ネットに出ている情報だから」と鵜呑みにし

たならば、その人は私の会社が存在しないと思い込んでしまうことになります。しかし、これは事実ではありません。その会社はちゃんと登記してあり、存在します。そもそも会社が存在するかどうかは「登記されているかどうか」でわかることであり、検索して出てこないから存在しないと決めつけて、しかもサイトに堂々と書く人が稚拙としか言いようがありません。

また、私は本書執筆中にヨーロッパに１週間ほど出張に行ったのですが、訪れた国の一つにスペインがありました。

スペインというと、ネットでは「闘牛と情熱」というイメージを植え付ける情報も多くありますが、実際に行ってみると、闘牛は動物愛護団体の関係でほぼやっていませんでしたし、情熱も人それぞれです（よく考えると当然ですが・笑）。また、カタルーニャ州の独立問題に関しても、その本当の真意はネットで出ている情報とは違うように感じました。私はこれらのことは実際に現地に行ってわかったのですが、もしかすると、ネット上でもそのような情報を提供しているサイトがあるかもしれません。私は見たことがないのですが、もしあったなら、それは本物の情報かなと思います。

だから「ネットの情報は鵜呑みにするな」なのです。わからないことはすぐに質問するのではなく、まずネットで検索する。これはさきほどもお伝えしたとおり「必須の作業」なのですが、一方で、検索をする際には「ネットの情報は鵜呑みにしない」ということをいつも心にとめておかなければならないのです。

実際にいろいろ検索すればわかると思うのですが、ネットの情報というのはその件の専門家ではない一般人が書いたものもたくさん出ています。そのため、あまり根拠を伴わない「個人の意見」のような情報とか、間違った情報もたくさんあります。さきほどの、私の会社が「存在しない」などという情報を出しているサイトはまさにそれです。

一方、専門家の人が書いたものでも何年も前に書かれたものでは、今の状況にそぐわなくなっていることもあります。ゆえに、あなたはこうした点をふまえて、一つのサイトだけを鵜呑みにせず、いくつかのサイトを見比べるなどして、できるだけ正しい情報にたどり着けるようにしてください。

たとえば「ウィキペディア」は調べ物をする際によく見るサイトの一つになると思いますが、このサイトの情報がすべて完璧というわけではありません。わからない用語を調べる程度であればそれほど問題はないかもしれませんが、それでもあなたが間違った解釈で突き進んで不利益にならないように、検索する際には「ネットの情報は鵜呑みにしない」ということはいつも忘れないようにしてください。

**◆ここがポイント**

**ネットで検索すると、専門家でない一般人の「個人の意見」だけの情報や、何年も前の情報も出てくる。なので「ネットの情報は鵜呑みにしない」という心構えが必要不可欠である。**

## 究極の愚問「どうすればいいですか？」「確実に稼げますか？」

さきほど「わからないことはすぐに質問するのではなく、まずネットで検索する」とお伝えしましたが、質問することに関してもう一つお伝えしたいのは、

**質問とは「ここまで調べ尽くしたけどどうしてもここがわからない、ここまでやってみたけどどうしてもここがうまくいかない」という場合にするものである**

ということです。

裏を返せば、何もしていない状態でする質問はすべて「愚問」です。そんなレベルの質問は、される側も迷惑でしかありません。なぜなら、自分で調べれば、あるいはやってみれば自ずと答えが得られるものばかりだから。つまり、安易に質問する姿勢は単なる怠惰でしかないのです。

私は「●●の渡部」と言われるほどインターネットマーケッターとして業界内でそこそこ知られた存在であるために、コンサルティングを業務としているわけではないのに、たびたび起業に興味のある方から質問を受けることがあります。

ただ、そのほとんどが「愚問」ばかりなのです。

つまるところ、その愚問は2種類で、

一つは「私はどうすればいいですか？」。

そしてもう一つは「それをやれば確実に稼げますか？」。

そのたびに、私は少々声を荒げてこう答えます。

前者の愚問に対しては、「そんなもん、自分で考えろ。自分の人生のことなんだから！」。

後者の愚問に対しては、「そんなもん、やってみなきゃわかんないだろ！　やる前から四の五の言ってないでまずはとにかくやってみろ！」。

自分の人生のことなのに「どうすればいいですか？」なんて、他者依存にもほどがあります。また、ビジネスは良い結果が保証されているものではありません。それなのに「確実に稼げますか？」と、保証を求めている時点ですでに「起業のセンスがない」と言わざるを得ない。結局、こういう人たちには「自己責任」という言葉がないのです。その証拠に、私が「自分で考えろ！」「まずはやってみろ！」と言っても、実際に行動をした人はほとんどいない。「まだ時期じゃない」とわけのわからないことを言う人までいる。まさに「愚の骨頂」です。ゆとり教育の弊害か何かでしょうか。

不安だから保証が欲しい。安心が欲しい。その気持ちはわからなくはありません。しかし、ビジネスに保証も安心もない以上、それを求めるのははっきり言ってナンセンスです。

だからこそ「やってみる」しかない。自分で実際にやってみて、その経験を積み重ねてうまくいく確率を上げていく。これしか道はないのです。

私だって、前章の経歴だけを見ればスムーズにうまくいったように見えるかもしれませんが、うまくいかない結果に終わったことも多々あります。ラーメン店を経営して潰したこともあります（笑）。しかし、そのたびに「こうすればうまくいかない」という経験値が上がり、次には同じ過ちを繰り返さなくなったのです。今、ビジネスでうまくいっている人たちは例外なく、保証も安心もないからこそ、経験値を上げていって「うまくいかせた人」ばかりです。

さきほどの「検索」にしてもそうです。最初は適切なキーワードを入力できないために、欲しい情報にすぐにたどり着けないこともあるでしょう。しかし、これも経験値を上げることで、一発でたどり着けるキーワードを入力できるようになります。それなのに、検索もしないで安易に人に「〇〇って何ですか？」と質問する人のなんと多いことか。書店や図書館にわざわざ行かなくてもすぐにネットで調べられるなんて昔では考えられなかったのに、これほど恵まれた環境にいながらそれを利用しないというのが私には信じられません。

**◆ここがポイント**

**ビジネスには保証も安心もない。ゆえに、保証や安心を得たいがための質問はナンセンス。まして自分で何もしない状態での質問は愚の骨頂。そんな質問からは何も生まれない。「やってみる」。これだけに価値がある。**

## 方法論よりマインドが重要

ただ、一方で私は、なぜ多くの人がネットでできる副業・起業に興味を持っているのに行動を起こさないのか？　しかも「自宅や好きな場所でインターネットにつながったパソコン1台あればできること」にもかかわらず、やらないのか？　その答えを知っています。

「あの人には才能があったんだ」「あの人だからできたんだ」そんなことを言う人がよくいます。私も「渡部さんには才能があったんです」「渡部さんだからできたんです」と、何度言われたことか。

違います。

才能という話で片付けるなら、五流の工業高校をやっと「卒業させてもらえた」というレベルで、しかも「やってられるか！　辞めてやる！」という転職を8回も繰り返した人間がなぜ毎年何億もの売上を上げられるようになったのか、説明がつきません。「いや、学力の才能ではなくてビジネスの才能です」と言われるかもしれませんが、残念ながらそれも違う。

率直に言って、うまくいくかいかないかは、才能の差ではありません。言い方を変えれば、**すでにうまくいっている人とあなたとの差は、才能の差ではない**ということです。

では、その差を生み出しているのはいったい何なのか？

それは、**「マインドの差」**です。

もっと具体的に言えば、「会社から自由になる目的」「自分の力で稼いでいく目的」が明確にあるのか、ないのか。この差でしかない。そして、ほとんどの人が明確な目的を持っていない。これが、「なぜ興味を持っているのに行動を起こさない人が多いのか？」の答えです。

なので、そういう人が「どうすればいいですか？」「確実に稼げますか？」という愚問を私に投げかけてきて、仮に突き放すことなく「こうすればいいよ」「こうすれば確実に稼げるよ」と事細かに教えたとしても、「絶対に」やりません。それはやはり、愚問をしてくる時点で「会社から自由になる目的」「自分の力で稼いでいく目的」を明確に持っていないからに他なりません。

本章の冒頭で「ネットでできる副業・起業の方法」について「ネットで検索したらすぐに出てくるからあなたが調べてください」とお伝えしましたが、実はそれは「方法を知ることよりもマインドをしっかりさせるほうが重要だから」という理由もあってのことだったのです。方法をいくら知ったところで「目的」が明確になっていなければ行動しないことを知っているから、少し突き放した伝え方をしたのです。逆に、目的が明確になっていたら、あなたはすでにネットでできる副業・起業の方法を知っている場合を除き、本書を読むのを中断して、すぐにネットで検索しているはずです。そして見つけた方法の中から自分に合ったものを自発的に見つけ出し、それをすでに始めようとしていると思うのです。

こういった差は、才能の差ですか？　能力の差ですか？

いいえ。「目的を明確に持っているか、いないか」。たったこれだけの差でしかありません。しかし、「たったこれだけの差」が、結果として「会社をクビにして自由を謳歌しながら大きく稼ぎ、家族にもいい思いをさせられる人生」と「相も変わらず会社に人生を捧げ、自分や家族の大切な時間を犠牲にし続ける人生」という大きな差を生み出すことになるのです。

もちろん、あなたに才能や能力が全くないと言っているわけではありません。ただ、才能や能力があるにしても、会社という場所にいる限り、それらを発揮する環境がない。そこが問題なのです。

最近私が友人から紹介された方で、原田隆史《たかし》先生という目標達成の専門家がいらっしゃいます。原田先生はもともと公立中学校の教諭で、陸上競技部の顧問として指導を続けていた先生でした。そして、最後に赴任した中学では7年間で合計13回も部員に日本一を達成させるという快挙を成し遂げます。

公立中学ですから、スポーツ推薦制度はありません。つまり、部員は元々全国トップレベルの素質があったわけではない、ごく普通の子たちです。それどころか、着任当初は400メートルリレーでスタートのピストルの音に驚いてバトンを落としたり、なぜか第4走者がいなくて失格するというようなひどい状態だったそうです。

では、そんな部員たちがなぜ次々と日本一になることができたのか？　それは、原田先生直伝の「目標達成の『技術』」を身につけたからです。

先生は教諭歴20年の中で3万人以上のデータを取って研究を重ね、目標を達成できる人の方法論を体系化し、誰にでも再現できる「技術」として完成させました。そして、部員たちがこの技術を身につけて「日本一」という結果を出したことで、「目標達成は才能や素質、運や偶然で決まるものではない、『技術』を身につけることで誰でも目標を達成できる」ということを証明したのです。その後、この目標達成の技術は「原田メソッド」と呼ばれ、２００３年以降は企業やスポーツ界でもこの技術を教えるようになり、プロ野球球団、プロサッカーチーム、個人の有名スポーツ選手などが次々とこのメソッドを使うようになったことでも話題になりました。

そして、その「原田メソッド」の一つがまさに「何のために目標を達成したいのか、その理由を明確に持つこと」なのです。

たとえば、先生が中学で指導したある砲丸投げの選手は「家が自分を高校に入学させる余裕がないので、親に苦労をかけないように、スポーツ推薦で奨学金をもらって高校に行きたいから」、そして「原田先生を喜ばせたいから」というのが日本一を目指す理由でした。だからこそ、彼は目標がぶれることなく、そしてやる気が落ちることもなく、高い意識を持って練習を続けることができた。その結果、日本一という目標を達成し、念願の「スポーツ推薦で親に苦労をかけずに高校に行く」ことも実現できたのです。

ここで注目すべきなのは、彼の「明確な理由」が自分だけにフォーカスしていない、ということです。原田先生は「『自分のため』だけでは人は動かない」と仰っています。自分が目標を達成することで、家族や友人、地域などの周囲にとってプラスの利益が生まれる。そういった「他者のため」という意識があって、初めて人は動くそうです。

だからこそ、あなたもただ「会社から自由になる理由」「自分の力で稼いでいく理由」を持てば良いのではなく、その理由に「自分の周囲」のことも入れるようにしてください。そうすることで、「会社から自由になる」「自分の力で稼いでいく」ための行動を起こすようになりますし、途中でやる気が出なくなって行動をやめるということもなく、晴れて目標を達成できるはずです。

とはいえ、「明確な理由」があってもただがむしゃらに動くだけでは目標達成には至りません。そこで、「原田メソッド」では、目標を最終的な「達成目標」と毎日やり続ける「ルーティン目標」に分けています。この「ルーティン目標」の達成という小さな達成を積み重ねることで、最終的な「達成目標」を成し遂げていくのです。その他の詳しいことは、例のごとく「検索」してみてください。「原田メソッド」はこのような「技術」がしっかり確立され、これまでに6万人以上もの学生、社会人、スポーツ選手などが成果を出していますので、興味があれば採り入れてみると良いと思います。

私に原田先生を紹介してくれた友人はインターネットマーケッターの仲間で、数々のネットビジネスの塾やコミュニティを運営しているのですが、方法を教える前に「原田メソッド」を教えてマインドをしっかりさせるようになってから、結果を出す人たちの数が劇的に増えたそうです。

ちなみに、私は原田先生から「渡部さんは、ビジネスでは原田メソッドをやらなくていいです。英語学習の目標達成のほうでやってください」と言われました（笑）。

私は先生に出会う10年以上前に「インターネットで稼ぐ」という目標を達成し、その後インターネットマーケッターとなり、「これ」と決めて取りかかった案件は必ず結果を出し続けています。目標額はざっくりとしか決めていませんが、その数字もクリアしています。

その過程を改めて振り返ってみると、インターネットの存在を知ってヤフオクで不用品をガンガン売っていた頃は「これでカードローンを全額返す」という「明確な目的」がありました。会社の給料が安すぎて、ただ普通に暮らしているだけでも生活費が足りず、カードローンの額は徐々に増える一方。家族を心配させていたあの頃は本当につらかった…。だからこそ、ヤフオクで「タカミネ」のギターが思った以上の値段で売れてからは、「これでカードローンを全額返して早く楽になりたい。家族も安心させたい」という想いが強烈なモチベーションとなって行動し続けたのです。そしてその目標を達成した後、毎年何億という売上目標を達成してこられたのは「何があっても家族を守るため」という「明確な目的」があったからでした。

老後のことまで考えたら、まだまだ稼がなければ「何があっても家族を守れる」とは言えない。その想いが私を突き動かしました。そして、社員が数名入るようになってからは、「何があっても社員を守る」という目的も加わりました。もちろん、ビジネスはお客様に価値を与えて対価をいただくという活動ですので、きれいごとでも何でもなく、純粋に「お客様に喜んでいただくため」という目的も常に持ち続けています。

なので、原田先生は「ビジネスに関しては原田メソッドを一からやらなくても、この人はもうできている」と判断されて「やらなくていいですよ」と仰ったのだと思います。ちなみに、私も原田メソッドに共感しており、先日認定パートナー（認定講座を修了して原田メソッドを教えても良いとの認定を受けた人のこと）となることができました（笑）。

余談ですが、私がこうして「原田メソッド」のお話を書いた後に、原田先生から「（私のメソッドを）アウトプットしてください」と言われました。教えていただいたことの理解が深まるので、アウトプットすることを勧められたわけですが、私はこうして本に書かせていただいたことで、すでにそれをしていたわけです。しかも、原田先生に許可を取っていなかった状態で（笑）。

「先生、実はもうアウトプットしています。原田メソッドのことを本に書きました。書いた後で許可をいただこうと思っていたのですが…」

私がそう打ち明けると、原田先生は「さすが渡部さんだ。あなたのような、教える前から直感的にできてしまっているような新しいタイプの人が原田メソッドに力をくれる。ぜひ、原田メソッドを広めてほしい」と、掲載を快諾してくださいました。

**◆ここがポイント**

**いくら素晴らしい方法論を得ても、なぜそれをやるのかという「明確な理由」がない限り、人は動かない。逆に、「明確な理由」があれば自発的に行動し、どんな凡人でも目標を達成できる。**

## 知識だけ得て満足する人が多い不思議

私は、何かを目指しても、そこにたどり着けるのは「たった４％」しかいないと思っています。それは才能や素質ではなく、「そこにたどり着きたい明確な目的がある」、しかもその目的が「自分の周囲にプラスの利益をもたらすため」のものになっている人が４％しかいない、ということです。

つまり、残り96％の人は「明確な理由」を持っていないか、持っていてもただ「お金を稼ぎたい」といった、自分にしかフォーカスされていない理由だけの人だということになります。つまり「行動しない人」「しても途中でやめてしまう人」が圧倒的に多いわけです。

私が思うに、そういう人は「知識を得ること」だけに躍起になっているのではないかと思います。本や教材に目を通したら、あるいはセミナーに出たら、それで満足してしまう。実にもったいない話です。

あとは「忙しい」と言い訳する人も多いです。そんな言い訳をしている人は、たとえ時間があってもやりません。要するにやる気がないのです。「忙しい」と言っている人は「能力がありません」と言っているようなものだ、とは、すでに第１章でもお伝えしているとおりです。

こうしたことは、日本の「知識を詰め込むだけの教育」あるいは「受け身教育」の影響かもしれません。だから多くの日本人は知識「だけ」を求めてしまい、能動的に動くことをしないのではないでしょうか。その結果、「あ、それ知ってる」という「知ってる自慢」をする人のなんと多いことか。「じゃあ、やったのか?」と問えば、なんだかんだ「やっていない言い訳」をするのがオチです。私はそんな教育になじめず、さらには会社勤めという世界にもなじめませんでしたが、そんな自分で本当に良かった、なじめなかったおかげで今の自由を得ることができたのだと心から思っています。

**「知っている」ことと「できる」ことは全く違います。**あなたは本書を手にしてここまで読んでいるのですから、知識をインプットして満足するだけの「その他大勢」には絶対にならないでください。読んで「ふーん」と言って終わっている場合ではありません。このままでは、このままです。いや、今より確実に悪化します。

このまま何もしなければ望まない未来しかやってこないということは、第1章で嫌と言うほど見てきたはずです。会社をクビにするどころか会社にクビにされて路頭に迷う人生をあなたは容認するのでしょうか? 自由になりたい。でも何もしない。こんな矛盾を平気で許している自分にいつ終止符を打つのでしょうか?

繰り返しますが、才能や素質、さらには運や偶然ではないのです。自分の周囲にプラスを与える「明確な理由」があれば行動できるし、行動の中で小さな達成を積み重ねていけば目標は達成できるのです。

気になることがあれば、本書を読むのを中断して検索してください。これだって、検索によって解決することができれば「小さな達成」なのです。目標達成というと何か大きなことを成し遂げなければいけないイメージがありますが、違います。**小さな達成の積み重ねの結果が大きな目標達成になっているだけなのです。**

本書を単なる読み物にされては意味がありません。ぜひ、明確な理由を持つところから始めてください。そして、その理由に突き動かされて自発的な行動をするようになってください。

◆ここがポイント

**知識を得るだけで満足するな。それでは永遠に「うまくいかない96％」から抜け出せない。本書で「明確な理由」の重要性を知ったからには、一刻も早くその理由を見つけ、自分で自発的な行動を促すべし。それが唯一「うまくいく４％」にシフトできる道である。**

## とにかく石を転がせ

「自発的な行動」の第一歩は、まさにその「第一歩」を踏み出すことです。と言うと「大きな一歩」を踏み出さないといけないように思うかもしれませんが、それだと躊躇して動けなくなってしまうかもしれません。なので、初日はネットで何か１つ検索しただけ、そんな「ほんの小さな一歩」でも全然ＯＫ。それでもやはり「小さな達成」です。

そしてその時、実は「かなり大きな達成」も得られます。

それは、「動き出した」という事実です。

「知識だけ得て動かない人」が圧倒的に多いのですから、ただ「動き出す」だけで「その他大勢」から一気に抜け出し、「うまくいく4%」に大きく近づくことができる。ゆえに、これだけでもかなり大きなことを達成したことになるのです。

そして、一度動き出すことができれば、その後のあなたはどんどん動いていきます。

たとえば、「外出するの、面倒だな…」と思っていても、どうにかこうにか一度外に出てしまえば、「せっかくだからあそこにも行きたい、あの場所にも行きたい」という気持ちになり、足が勝手に動いていく。そんな経験はないでしょうか。それと同じ感覚です。このことは「転がる石」にもよく例えられます。重い石を動かそうとするのは大変だけど、一度動かしてしまえばあとはコロコロ転がっていってくれるから、楽。というわけです。

そして、究極の理想形は「フロー」や「ゾーン」と呼ばれる状態になることです。

「フロー」は、時間の経過を感じないほど最高に集中した状態のことを言います。わかりやすいのは、スマホゲームに没頭している時の状態です。すると、突然「○○が見えた」ということが起き、それによってゲームを攻略してしまうということが起きる。このような、「フロー」の極限状態が「ゾーン」です。「ゾーン」に関しては、スポーツ選手がたまに「ゾーンに入った」と話すので、あなたもメディアなどで見聞きして知っているかもしれませんね。優勝した選手がインタビューを受けて「試合中に集中が極限状態になり、普通なら見えないものが『見えた』、それが優勝につながった」と話しているのはよく見聞きします。

私も、普段はのんびりしていますが（笑）、ひとたび作業するとなれば、すぐにスイッチが入っていつも「フロー」や「ゾーン」の状態になっています。これは訓練が必要と言う人もいますが、私は「マインド」さえしっかりしていればそれだけで十分だと思います。逆に言えば、「フロー」や「ゾーン」になれないなら、それはまだまだマインドがしっかりしていないのです。たとえば「家族にいい思いをさせたい」ということを心から本気で思っていれば、その想いに突き動かされて自然に「フロー」や「ゾーン」に入るはずです。

私も起業当初の頃はそのような想いで取り組んでいました。だからこそ、会社勤めでは全く集中力がなかった自分でもすぐさま「フロー」や「ゾーン」に入れたのだと思います。もちろん、これは今もずっと継続できています。ちなみに、「自宅だと集中できない」という人がいますが、私は自宅のほうが集中できる派です。

そして、一度「フロー」や「ゾーン」に入れるようになると、「世間一般がどう過ごしているのか」がいい意味で気にならなくなります。たとえば私の起業当初は、勤めていた会社の年末年始休暇だった7日間、ずっと情報コンテンツの作成や販売の準備に没頭していました。その期間にしかまとまった時間が取れなかったということもありますが、とにかく大晦日だろうと元旦だろうとずっとやっていました。しかも、ほとんど寝ずに、そして食べ物もほとんど摂らず…。まさに「フロー」「ゾーン」でした。そのおかげで、私はその情報コンテンツで数百万を売り上げ、独立への大きな足がかりをつかんだのです。

今ではもはや、年末年始だろうとゴールデンウィークだろうと私には関係なく、ビジネスもプライベートも自由に行動できる状態ですので、曜日とか、いつが祝日か、といった感覚がほとんどありません（笑）。そういうことに関係なく、「やるべき時」に没頭している次第です。ただ、遊びに行く時は基本的に人が少なくて混雑しない平日を選びます。特に統計を取ったわけではありませんが、私は世間が休みの時に働き、世間が働いている時に遊んでいるようです（笑）。

いずれにしても、あなたも「やるべき時」と感じたら、とにかく石を転がすごとく動き始め、そして世間のことを気にせずに没頭してください。理想は「フロー」「ゾーン」に入り、自然に没頭している状態になっていることです。

◆ここがポイント

**重い腰を上げ、無理矢理にでも一歩踏み出せば、石は転がり出す。そしてひとりでにどんどん転がるようになれば、あなたの人生も変わり始める。究極は、「フロー」「ゾーン」に入ること。**

## 狭い世界で物事を考えるな

もしかしたら、ここまで言ってもまだ「迷っているあなた」がいるかもしれません。第1章でお伝えした「現状維持欲求」は人間がそもそも持ち合わせている欲求であるために、しぶとくあなたの「変化」を邪魔します。なので、まだあなたが迷っているとしてもそれは私の中では想定内です。そこで、次に新たな大砲を用意しました（笑）。

突然ですが、私は最近、シリコンバレーを視察してきました。

シリコンバレーと言えば、アップルやグーグルなどの名だたるＩＴベンチャーが存在する、言わずと知れたＩＴの聖地です。もともとゴールドラッシュの頃に一攫千金を狙った人たちが集まった場所で、その伝統を引き継いでいるために、アメリカの中でも非常に特殊な「ギラギラした地域」だということでしたが、確かにそういう感じはしました。

そこに行って、真っ先に感じたこと。それは「シリコンバレーにある会社の考え方は日本の会社とはまるで逆だ」ということです。

会社はいつでも社員をクビにできる。そもそも、同じ会社に1年もいるということを前提にしていない。その会社で何か一つのプロジェクトを行なって、それが終われば「解散！」となり、そのまま雇用も終わる。そんなことがここでは日常になっていました。

さらには、日本の会社は物事を決めるのに「係長↓課長↓部長↓専務↓社長」というようなルートをたどる「稟議」というものがありますが、シリコンバレーではそんなのはナンセンスで、何十億も投じるようなことの決断であってもとにかく「即断即決」。まさにスピードが命で、決断のスピードが遅い経営者はダメ経営者のレッテルを貼られるそうです。ゆえに、そのスピード感は日本の100倍くらいあるのではないかと感じました。

そして、「電話でやりとりをしない」というのも特徴的でした。少なくとも、私が見てきた会社には電話は存在しませんでした（どこかにはあったのかもしれないですが・笑）。これは「電話がかかってくると作業が問答無用で中断されてしまう。これほど無駄なことはない」という考えの表われだろうと思います。というわけで、ここでは電話はもはや「化石」と化していました。

また、シリコンバレーにはアメリカのみならず世界中から「一攫千金」を狙ったスタートアップ企業が集まっているのですが、中でもインド人の勢いには目を見張るものがありました。彼らはほとんどが貧しい環境で生まれ育ってきた人たちばかりで、生まれてから何不自由なく「ぬるま湯」のような環境で育ってきた日本人とはそもそもハングリー精神が違います。

その他にも感じたことはたくさんあり、これ以上書くとキリがないので割愛しますが、このシリコンバレーのお話を通じてあなたに何をお伝えしたいかというと、「狭い世界で物事を考えないでほしい」ということです。

あなたは今まで「石の上にも3年」とばかり何年も同じ会社に勤めることや、「稟議」、そして「電話」というものの存在に何の疑問も持たなかったかもしれません。しかし、シリコンバレーではまるで逆。つまり、あなたはそれだけ「狭い世界で過ごしていた」ということです。そんな狭い世界の中で物事を考え、判断している限り、その考えや判断はベストなものではありません。なぜなら「まるで逆」のことが当たり前になっている世界もあるから。というわけで、**狭い世界しか知らずにその中で物事を考えていては損なのです。**

「でも、シリコンバレーは飛躍しすぎだよ。ここ日本だし」

そう思われるかもしれませんが、そのような考え方自体が「狭い」ですし、また「時代遅れ」でもあります。そもそも、あなたが使っているスマホも、よく見ているユーチューブも、シリコンバレーで生まれたものなのですよ。そして、今やグローバルの時代で、日本にもたくさんの外国人観光客がやってきて、その影響で道路標識も一部変わり、交差点名・駅名などのローマ字表記も英語表記に変わるくらいの状況です。もし、これらが「ここ日本だし」という考え方のままで変更されなかったとしたら、外国人にどれだけ不評が高まるかは容易に想像がつくと思います。

と、ここまでは「あなたの世界を広げてほしい」という想いから、あえていきなりシリコンバレーの話をして「振り幅」を付けましたが、ここからはもっと身近な例を挙げましょう。

あなたは今、「証明写真」を撮るならどこで撮りますか？

「それはフォトスタジオか、街なかにある自動の証明写真コーナーじゃないの?」

もしそう思っているとしたら、やはり「狭い世界で過ごしている」と言わざるを得ません。

実は、今はもう「家でスマホで撮った写真を証明写真にできる時代」なのです。たとえば「ピクチャン」というサービスを使えば、スマホで撮ってコンビニのコピー機でプリントアウトすればすぐに証明写真ができてしまいます。料金は1シート(写真3枚)で200円(本書執筆現在)。いかがでしょうか。これを知っているだけで、知らない人よりも時間や写真代を大幅に節約できるのです。こんなのはほんの一例で、今の世の中にはもっと便利なサービスがあふれています。

別の観点からもお話しておきましょう。

今、政治家や芸能人などの不倫が多く取り沙汰されるようになりましたが、これはそれまでのマス社会からSNS社会に変わったことの一つの象徴です。「誰かが撮ってSNSにアップした写真の後方に芸能人が写っていた」とか、「今、俳優の○○が△△方面に歩いて行った」といった個人のタレコミのツイートがネットにアップされることがあるため、いままで隠せていたことがバレやすくなっているのです。バレた政治家や芸能人たちは、そんな時代になったことをリアルに感じていなかったのでしょう。脇が甘かったのではないかと思わざるを得ません。これもまた、狭い世界から抜け出せていなかったことによる「損」だと思います(それ以前に不倫が良くないですが・笑)。

さらに別の観点ですが、「野菜は畑で採れるもの」という常識を覆した「工場野菜」の登場は知っているかもしれませんが、「肉」に関しても、動物細胞から人工肉を培養しようという研究がなされていることを知っていますでしょうか。「人体に影響はないのか」といった議論はあるものの、実現すれば「肉」の常識も確実に変わります。もし、この話を知らなかったなら、あなたはそれだけ狭い世界にいると言わざるを得ません。

これらの事例からも、まだまだ多くの方が「狭い世界しか知らず、その中でしか物事を考えていない」というのが現状だと思います。そうなってしまうのは、やはり「外の世界を積極的に見ようとしないから」。これに尽きるのではないでしょうか。

自分がすでに知っている世界の中だけで、毎日慣れたことしかしない日々を過ごす。これは非常に楽です。しかし、それでは結局「井の中の蛙」にしかなりません。まわりがどんどん進化を遂げていてそれまでの経済や常識といったものも変化しているのに、それを全く加味できずに旧態依然の世界でしか物事が考えられない。これでは「古い」「イケてない」と思われて当然です。

それでもあなたはいいのでしょうか？

たとえ「今の会社に居続けていいのだろうか？」の最終的な答えをまだ迷っているとしても、今の会社の中だけしか見ていないのであれば、そこから出す答えは絶対に正しくありません。

これも一例ですが、あなたが会社に時間を拘束されて身を粉にして動いている一方で、何の拘束も受けず、自分や家族の時間も十分楽しみながら、好きな時に、好きな場所で、好きなだけ働いている人たちがいます（僭越ながら私もその一人です）。そして、そんな働き方でありながら、医者や一流企業の役員など、従来の「勝ち組」に属する人たちの年収を超えている人たちもゴロゴロいます。

しかも、彼らは決して特別な人たちではなく、多くは少し前まであなたと同じサラリーマンでした。しかし、ある時からインターネットでできる副業を始め、大きな成果を上げてそれを本業にしたことで「汗水垂らして働く」ことから解放され、まさに「収入と自由」を手にしたのです。

こんな世界があることをもしも今まで知らなかったなら、その知らない状態で「今の会社に居続けていいのだろうか?」の最終的な答えを出そうとすることがいかにナンセンスなのかということがわかるのではないでしょうか? なので、もっと外の世界をいろいろ見て視野を広げ、情報も得て、経験も積んで、その上で答えを出す方が精度が高いに決まっています。そのためにも、「まずは外に出て行動」なのです。

第1章でも「新しい時代になれば、新しい考えに適応できる者だけが生き残ります。今までの考えにとらわれ続けるなら、もう化石になるしかないのです」。とお伝えしています。自分で自分を化石にしたくないなら、行動あるのみです。

◆ここがポイント

**狭い世界しか知らず、その世界の中で物事を考えたり判断したりしても、答えの精度は低い。なぜなら、世界はもっと広くさまざまなのに、それらを全く加味せずに出した答**

**えだからである。ゆえに、あなたはどんどん外の世界を知るべきで、そのために行動する必要がある。**

## 「こんなことできないかな」と考えてみる

視野を広げる、ということに関してさらに話を進めれば、商品やサービスの受け手側ではなく「発信者」の視点に立ってみるクセもつけてほしいと思います。

より具体的には、「こんなことできないかな」と発想してみるということです。

たとえばさきほどの「証明写真」のサービスは、個人で十分にビジネス化できるモデルです。なので、これを参考に「専門店に行かなくてもできてしまうサービスが何かないかな」と探してみる。これはつまり、「不便なものを便利にする」という発想です。多くの人の不便を解決できるものは、ビジネスになります。その視点で街なかを歩いていれば、いろいろとヒントが得られるはずです。

また、今やほとんどの人がスマホでアプリやゲームを楽しんでいますが、これも、ただ楽しんでいた側から「仕掛ける側」に視点を変えてみる。そうすれば、どれだけ可能性を秘めたマーケットなのかということがわかるはずです。なにしろ、街を歩けばほとんどの人がスマホをいじっているわけですから。そこで、「こんなアプリやゲームができないかな」と考えてみるわけです。

「でも、そういうサービス作るのってお金がかかるんじゃないの?」

と思われるかもしれませんが、そこまで多額の費用がかかるわけではありません。

また、今では個人がネット上で資金を調達できる「クラウドファウンディング」というシステムが存在し、自らの資金力に関係なく、自分のアイデア一つでビジネスを立ち上げることができる環境も揃っています。このシステム一つ取っても私が起業した頃にはなかったわけで、今が副業・起業するのに恵まれた時代であることの一つの証明です。そして、そもそも「クラウドファウンディング」自体もまさに「こんなことできないかな」という発想から生まれたものであるということも覚えておいてください。世の中の商品やサービスは、すべてこのような流れでできています。

さきほどお伝えしたシリコンバレーでも、基本的には起業家が自分のビジネスアイデア、つまり「こんなことできないかな」という発想を投資家にプレゼンし、それが認められたらすぐに出資を受けてビジネスが立ち上がるという流れになっています。すでに自分でビジネスを立ち上げてから事業拡大のために出資者を募るパターンもありますが、「アイデア一つで何とでもなる」ということは、世界の名だたるＩＴ企業を生んだ「聖地」でも全く変わらないのです。

「出資なんてされたらプレッシャーがハンパない。小資金で自分だけで完結できるものにしたい」

そう思うのであれば、第2章でご紹介した、私が歩んできた「インターネットマーケッターの道」も一案です。その場合には「こんな情報コンテンツや情報提供サービスが出せないかな」という「発信者」の視点でリサーチをしていきます。

その際には、あなたも本書を購入した時に使ったかもしれない「アマゾン」が優れたリサーチツールの一つとなってくれます。

アマゾンの商品ページには、「(商品名)をご覧になったお客様は、こんな商品もご覧になっています」、そして「この商品を買った人はこんな商品も買っています」といったコーナーが設けられています。このコーナーを見ると、たとえばある筋トレの本の「この商品を買った人はこんな商品も買っています」の部分には睡眠の本や時間活用術の本が出てきます。

ということは、筋トレに興味がある人は、「筋トレには良質な睡眠も必要」と感じている人や「筋トレするための時間をどう生み出すか」に興味のある人がいると予想できるわけです。このように、あなたがいつも「お客の側」で利用しているアマゾンも、視点を変えれば、いろんな有益な情報を提供してくれるツールになるのです。

そして注目すべきなのは、アマゾンは「(商品名)をご覧になったお客様は、こんな商品もご覧になっています」や「この商品を買った人はこんな商品も買っています」、さらには「よく一緒に購入されている商品」というコーナーをユーザーに提供することで、まとめ買いを促進して利益を拡大させている、という事実です。つまり、これもまた「こんな仕組みで利益を拡大できないかな」という発想が形になった一つの事例だということです。

いずれにしても、このようにして今まで商品やサービスをただ「受け身」で見ていたり、使っていただけのユーザー側の立場から、それらを生み出して世に出そうとする「発信者」の立場で物事を見るだけでも、それまでのあなたの「狭い世界」は確実に広がります。

しかも「発信者」の視点はビジネスには必要不可欠なものですので、まさに一石二鳥です。ぜひ、今日からでも始めてみてください。何度もお伝えしていますが、「やるか、やらないか」。ここでしか差がつかないので、必ず「やる」ほうを選択してくださいね。

◆ここがポイント

**「こんなことできないかな」という視点で日常を見てみれば、それだけで狭い世界から抜け出せる。さらに重要なのは、世界的なベンチャー企業も、ヒットした商品・サービスも、もとは「こんなことできないかな」から始まっているという事実である。**

## 欲望に素直になれ

さて、ここまで読み進めてきたならば、もうそろそろ知識のインプットで満足せずに何か少しでも行動を起こしていると思うのですが、いかがでしょうか。

もし、それができていないのであれば、次の質問に答えてください。

## あなたは結局どうなりたいのですか？

「会社に居続ける」。そう決めたのなら、それがあなたの本心なら、私からお伝えすることはもうありません。

問題なのは、「会社から自由になりたい。でも…」というように、どっちつかずの状態になっている場合です。

この場合、おそらくあなたには「遠慮」があるはずです。それはたとえば、

「自分に一から仕事を教えてくれた上司や先輩の恩を仇で返すことになる」

「自分を守ってくれた会社を裏切ることになる」

など、いろいろあると思います。

不思議なことに、いつも辞めたい辞めたいと思っていた会社をいざ本当に辞めようかと考え出すと、「でもあの時こんなふうにしてくれたもんな」といったように会社の良かったところがクローズアップされてきて、それで会社が辞めづらくなる。そんなケースもあるようです。あなたもそうだったりしますか？

もしそうなら、それは「社会的洗脳」のしわざです。

第1章の中で、私は

「どうも日本は、教育にしてもみんなが平均的なレベルになるような『紋切り型』の人間を作ろうとしたり、社会でも『みんな仲良く』みたいに必要以上に調和を重んじたりと、人の個性をあまり尊重しないで進んできた国のようです」

とお伝えしました。

その時は第1章の主題からずれるので言及しませんでしたが、なぜそんな国になったのかと言えば、それは「国のため、組織のために従順に働く人を育成する」という国策があったからだと思います。だから、「おとなしく聞き分けの良い人」に育つように、自我が芽生える前の段階から「みんなと同じ」とか「調和」といったことを叩き込み、感情のおもむくままの行動を抑えつけ、「謙遜は美徳」「自分の欲望を押し殺すことが美徳」「波風立てず」といったような価値観を植え付け続けてきたようにしか思えません。これを「社会的洗脳」と言わずして何と言うのでしょうか?

その「社会的洗脳」の影響で、会社を辞める、起業するということに少なからず抵抗を感じてしまう人が未だに多いのです。よって、その「抵抗を感じる」というのはその人の意志でそう感じているのではなく、「洗脳」のなせる業だと私は見ています。

インターネットの出現以降、それまで「洗脳的な情報」を送り続けていたマス媒体以外からさまざまな情報が手に入るようになったおかげで「社会的洗脳」は随分解かれるようになりました。そしてインターネットによって個人でも小資金で起業できる環境も整ったことから、日本でもようやく起業しようという人が増えました。しかし、それでもまだ、世界的に見れば起業への関心度はまだまだ低いと言わざるを得ません。

これを裏付けるデータとして話題になったのは、アムウェイが２０１６年に世界45ヶ国で起業家精神を調査した結果です。これによると、日本の「起業家に対するポテンシャル」は世界平均43％の約３分の１にあたる15％で、起業家精神が45ヶ国中最低となっています。さらに、日本、アメリカ、インド、フィンランドの４ヶ国の若者計９００名を対象にした起業家精神の追加調査では、日本の若者の起業への関心度は33％で４ヶ国中最低。さらに「将来偉くなりたい」「自分の将来が楽しみである」「自分に自信がある」「自分にどのような能力・適性があるか知っている」という項目の数値も最低だそうです。

このように、未だに「起業するような野心や向上心を持たない人」が多いのは日本が長らく続けてきた「社会的洗脳」のせいだと思うのは私だけでしょうか？　昨今、政府は消費税を引き上げて学校教育の無償化を図ろうと検討しているようですが、無償化を考える前に、こんな「社会的洗脳システム」、つまり教育そのものを根底から変えるほうが先だと私は思います。

だから、私はあなたに言います。

**あなたは「会社から自由になりたい」という欲望に素直になっていいのです。**

欲望を押し殺すことが美徳なんていうのは「社会的洗脳」だったのです。もうそんな洗脳から解き放たれてください。

国、あるいは会社は、あなたを単なる「ピースの一つ」としてしか見ていません。そして、聞き分けが良ければそれでいい。もし、そのピースがなくなったり、聞き分けが良くなければ代わりのピースで埋めるだけ。ゆえに、あなたの人生を重んじる姿勢なんてありません。しかし、あなたにとってはたった一度しかない貴重な人生です。その貴重な人生の中で、せっかく「会社から自由になりたい」「もっと自分らしい人生を生きたい」という欲望が生まれたのに、それを押し殺す。それでいいのですか？　こんな欲望は、悪なのでしょうか？

いいえ、違います。あなたは会社から自由になっていいし、あなたの人生を生きていいのです。いいや、**会社から自由になるべきだし、あなたの人生を生きるべきなのです。**誰に遠慮する必要もないし、後ろめたさを感じる必要もありません。それが悪だと教えてきた「社会的洗脳」こそが悪だったのです。「会社から自由になりたい」。その思いが本心ならば、これからの人生はその欲望に素直になって行動していきましょう。

**◆ここがポイント**

**会社から自由になりたいのに、まわりに遠慮してその気持ちを押し殺す。それはあなたの意志ではなく「社会的洗脳」のしわざである。そんな洗脳から解き放たれよう。あなたは「会社から自由になりたい」という欲望に素直になっていいのだ。**

## 今やらなければ可能性は「ゼロ」

これも第1章でお伝えしたことですが、今は会社から自由になれる「10年、いや、20年に一度あるかないかの絶好のチャンス」です。このチャンスが到来しているのに知識を得ただけで満足して行動を起こさないということは、「これを乗り過ごしたら次は10年後か20年後にしかやってこない、もしくはもうやってこない」という電車を見送ることと同じです。そうなると、あなたが会社から自由になれる可能性は「ゼロ」になってしまいます。

「いや、10年後、20年後に再び何らかのチャンスが来るなら、ゼロとは言い切れないのでは?」

そう思われるかもしれませんが、今のような非常に恵まれた状況を見送ってしまうなら、再び何らかのチャンスが来たとしても、それもきっと見送ってしまうはずです。さらに、年齢も10歳、20歳と重ねてしまうわけですから、今よりフットワークも重くなるはずです。だから、可能性は「限りなくゼロ」ではなく、「ゼロ」です。

逆に、今行動を起こせば、少なくとも会社から自由になれる可能性はゼロではなくなります。しかも、何度もお伝えしていますがいきなり会社を辞めろと言っているわけではなく、まずは副業からスタートして「したたかに『準備』をしよう」とおすすめしています。なので、「うまくいかなかったら人生が狂う」とか、「うまくいかなかったらかっこ悪いな」とか、そんなことを考える必要はありません。うまくいかなくても何も失うものはないですし、またすぐにチャレンジできるのですから。

これだけリスクが低く、そしてこれだけ個人の可能性が開かれているチャンスなのに、さらには10年、20年に一度あるかないかの絶好のチャンスだというのに、それでも何も行動しないのなら、あなたは結局、会社から自由になることを「ただ願望しただけ」なのだと思います。つまり、その願望を現実のものにしようとまでは思っていない。一度きりの人生なのに、非常に残念なことです。

もしかすると「現実にしたいけど自信がない」と思っているのかもしれませんが、それならば心配無用です。「自信がない」という状態は、次の2ステップで解決できます。

①「自分はできる」という根拠のない自信を持つ。

②その「根拠のない自信」を、経験を積み重ねて「根拠のある自信」に変えていく。

私も起業当初から、どんな初めてのことでもこの2ステップでつねに乗り越えてきました。

**だから結局、願望を現実にしたいなら「やるしかない」のです。**

何もしなくても誰かが引き上げてくれる？　そんな虫のいい話はありません。そもそも、あなたが今勤めている会社も就職活動という行動をしたからそこにいるはずで、何もしないで無条件に入れてもらえたわけではないでしょう。また、今いる友人や知人、あるいは恋人も、何もしなくてもできたわけではなく、声をかけた、あるいは相手から声をかけられたことなどがきっかけだったはずです。

このように、今のあなたも自らが行動してきた結果作られていて、ゆえにあなたは「行動ができる人」であるはずですから、その行動をここでも起こしてください。第１章を再度思い起こしてほしいのですが、フィンテックやＡＩの進化と普及はこれから加速度的に進みます。なので、脅しでもなんでもなく、現実として、ここであなたが何もしなければ、あなたの将来は、あなたが守らなければならない家族の将来は、だんだん絶望的になっていってしまいます。だから「やるしかない！」。

もし、ここまで言ってもどうしても迷うなら、とにかく「これを乗り過ごしたら次は10年後か20年後にしかやってこない、もしくはもうやってこない」という電車にだけは乗ってください。「可能性」だけは無理矢理でも残してください。たったそれだけの行動でも「第一歩」に変わりはなく、その行動がきっかけで石が転がりだし、予期せぬ追い風も起きたりして、あなたの願望がどんどん現実となっていくかもしれません。

**◆ここがポイント**

**今やらなければ可能性はゼロ。強引にでも何かやれば、可能性は無限大。「根拠のない自信」を持ってスタートし、経験を積み重ねて「根拠のある自信」に変えていけばうまくいく。**

## セルフイメージは今すぐ変えられる

さて、ここまで読んできたなら何らかの行動を起こしてほしいところですが、それでも頑なに動かない場合のために、本章の最後にダメ押しのメッセージをしたいと思います。

ここまで読んでも行動しない。それはすでに前のトピックでもお伝えしたように「会社から自由になる目的」「自分の力で稼いでいく目的」がまだ明確になっていないということも一因であるはずです。また、「根拠のない自信を持てていない」ということもあるでしょう。

そうなってしまうのは、きっと「セルフイメージが低い」からだと思います。

たとえば、

「会社から自由になるなんて、そんな大それたこと、自分にはできない」

「自分が起業してうまくいくなんて思えない」

と、心の中にほんの少しでもそうした思いがあるだけで、そのようなセルフイメージができあがり、行動できなくなってしまうのです。

しかし、セルフイメージはあくまで「イメージ」でしかありません。しかも、あなたが自分自身に持っているイメージです。なので、他人が見れば違ったイメージかもしれないし、そもそもあなた自身も本当の自分に気がついていないかもしれない。たとえば野球部でずっと頑張っていたのに、ある時サッカー部のコーチに誘われてやってみたらハマってサッカーに目覚め、その後Jリーグに入った選手もいます。

つまり、イメージというのはそれほど曖昧なものなので、縛られる必要はないということです。

そして、曖昧なものであるだけに、そんな大それたこと、自分にはできない

「会社から自由になるなんて、そんな大それたこと、自分にはできない」

「自分が起業してうまくいくなんて思えない」

これらが今のセルフイメージだとしたら、

「自分はあっさりと会社から自由になれてしまう」

「起業して今より大きな収入を得る」

といったイメージに変えることができるのです。

と言うと「そんな簡単なものじゃない」という反発が来そうですが、もちろん、ただそう思い込んでいるだけなら変わりません。ではどうすればよいか？

答えは「演じる」です。

つまり、「あっさりと会社から自由になれてしまう自分」「起業して今より大きな収入を得る自分」を演じるということ。もっと具体的に言うならば、「あっさりと会社から自由になれてしまう自分」ならどういう行動をするか、「起業して今より大きな収入を得る自分」ならどう振る舞うか。これを考え、その通りに動くのです。

すると不思議なことに、あなたはそのイメージに変わっていきます。これに関してはアメリカの

スタンフォード大学で行なわれた「監獄実験」という有名な実験があります。

この実験は、心身共に健康な社会人男性21名を囚人役10名と看守役11名に分け、それぞれ与えられた役割を演じさせて各々の言動などがどう変化するかを調べたものです。役割を演じるにあたっては、囚人役は本物の警察に逮捕され、本物の取り調べを受け、正式な手続きを踏んで監獄に入れられる。そして看守役は本物の制服に本物の装備を身に着けて本物の職務に当たるというリアルさを出しました。

その結果、囚人役はどんどんと囚人らしく、そして看守役はより看守らしくなっていきました。具体的には、囚人役は絶望感にさいなまれ、何をする気力も見受けられない。一方の看守役は威圧的になり、囚人役に汚い言葉で命令するようになった。そしてついには禁止事項であった暴力も起きるようになり、2週間の予定だったこの実験はわずか6日間で中止になってしまったのです。

これは極端な例かもしれませんが、しかし、演じることの有効性を示すには十分なのではないかと思います。

なので、まるで俳優にでもなったつもりで、自分の意志では気が進まないとしてもかまわないので「演じて」みてください。すると、いつしかセルフイメージも変わっていくはずです。

いかがだったでしょうか。

もしもここまでお伝えしても、演じることも何もしないなら、「あなたは何のために本書を読んでいるのですか?」と言いたい。せっかく本書を手に取るという行動ができたのに、その先の行動ができないなんて実にもったいない！　これではあなたの「たった一度しかない貴重な人生」に失礼です。

さらに言えば、あなたにお子さんがいるのなら、お子さんを将来、今のあなたと同じような境遇にさせてしまってもいいのですか？　いや、もっとひどい境遇かもしれません。お子さんが成人する頃には時代は今よりもっと厳しくなっていますから。

さあ、知識のインプットだけに満足する日々は今日までです。

四の五の言わずに今すぐやりましょう。今すぐにです！

◆ここがポイント

**セルフイメージは所詮「イメージ」でしかなく、ゆえにすぐに変えられる。理想のイメージを設定し、それを演じればいいのだ。さあ、今すぐやろう！**

# 第4章
# 一刻も早くこの働き方にシフトせよ！

## 徹底的に無駄を省くとこんな働き方になる

さて、第3章であれほど熱く語りましたので(笑)、あなたも最低限、いくつかの「わからないこと」「調べてみたいこと」をネットで検索する行動をしているのではないかと思います。その前提で、本章では「さらにその先」のお話をします。

行動しているということは、すなわち「会社をクビにする」べく、まずはインターネットを使った副業・起業に向けて「準備」を進めていることになります。

なので、必然的にネット環境を駆使することになるわけですが、この段階からあなたにしっかり意識しておいてほしいことがあります。

それは「無駄を徹底的に省く」ということです。

いわゆる「一人ビジネス」は、当然ながら、自分でやるべきことが多くなります。だからこそ「無駄を徹底的に省いて生産性を上げる働き方をする」ことが至上命題になるのです。もちろん、ネット環境を使うことでそれなりに生産性は上がるのですが、それだけでは不十分で、「ネットを効率的に使いこなす」ところまで考える必要があるのです。

では、具体的にどんな働き方をすれば「無駄を徹底的に省いて生産性を上げる働き方」となるのか？

それをお伝えするために、まずは私が現在行なっている働き方をご紹介したいと思います。

私は基本、いつ起きていつ仕事をしてもいい自由人です。ただ、体のリズムを整えて健康的に過ごしたいので、自発的に朝、好きな時間に起きて、すぐに10分間、腕立て伏せや腹筋、スクワットをして、サプリメントを飲み、それから仕事場へ向かいます。「向かいます」と言っても、仕事場はベッドからたった20歩で着いてしまう、自宅の一室です。

自宅は、都心のタワーマンションの高層階。まずは窓から一望できる東京湾の風景を眺め、それからこだわって購入した「長時間座っても疲れない本革の椅子（価格50万円）」に座ると、さっそくＭａｃのパソコン５台（以前はＷｉｎｄｏｗｓばかりでしたが、今は私のビジネスの師匠にならってＭａｃ派になりました）と、それにつなげているモニター３台、合わせて８台を順番に起動し、その中でもメインで使用しているパソコンのモニターには、社員や外注さんとのやりとりに使っている「チャットワーク（ChatWork）」というチャット型のクラウドツール（詳しくは後述します）の画面を表示させます。

さらに、このパソコンにつないでいるサブモニター2台には、ビジネスパートナーや友人とのやりとりに使うＬＩＮＥやフェイスブック、ｉＭｅｓｓａｇｅ（アイメッセージ。ｉＰｈｏｎｅやＭａｃのパソコンに付属しているショートメッセージ機能）、さらにはスカイプ（Skype。チャットでもやりとりできるオンライン会議システム）、ワッツアップメッセンジャー（WhatsApp Messenger。オンラインメッセージアプリケーション）の画面を散りばめます。本当はチャットワーク以外は個人的には嫌いなのですが、相手方がこれらのものしか使っていない場合があるため、仕方なく開いています（笑）。

メールも開きますが、先ほどお伝えしたように、社員や外注さんとのやりとりはクラウドツールで行なうため、これを使う目的はコミュニケーションではありません。ではどんな目的なのかと言いますと、ほとんど「カスタマーサポートのチェック」です。

一般のお客様はまだまだメールを使っている方も多いので、商品やサービスのリリースのご案内はメルマガを配信して行なっています。そのため、カスタマーサポートに関しても問い合わせフォームで対応をしており、お客様がそのフォームに入力して送信していただくと、弊社の専用メールアドレスのメールボックスに届く仕組みになっています。

そのメールボックスを確認して、お客様からどんな問い合わせが来ているのか、それに対して担当スタッフがちゃんと対応したか、そしてどのように回答したのかをチェックしているのです（チェックもれを防ぐために、特に重要なメールはＣＣで私の個人メールアドレスにも届くようになっています）。

手前味噌ですが、スタッフは優秀なので、私がスタッフの回答の内容に口出しすることはまずありません。もし、スタッフがどう回答して良いか判断がつかない場合には、事前に私にチャットワーク経由で相談が来るので、その際にはアドバイスを送っています。

さて、画面をモニターに散りばめたら、届いているメッセージを一気に確認し、すぐにどんどん返信していきます。それに対してさらに返信が返ってきたら、間髪入れずに返信。そのスピードは「渡部さん、変態的に早すぎます」と社員に言われるほどです（笑）。

とはいえ、私は社員への返信だけに集中しているわけではありません。パソコン上で他の作業も並行して行なっています。それでも速攻で返信ができるのは、まさに何台ものモニターを同時に稼働させているからです。１台のモニター上だけにいくつもの画面を広げると重なり合って陰に隠れてしまう画面も出てきてしまいますが、モニターが複数台あれば、それぞれの画面をちゃんと表示させることができるので、それらを見て瞬時にレスポンスすることが可能になるのです。

私からすれば「メルマガの文章執筆やＬＰのコピー執筆などの他の作業に集中していてすぐにレスポンスできない」というのが信じられません。特に、私は経営者であり、社員たちが私の判断を仰いでから動き出すことも多く、ゆえに私がすぐに返信しないとその間、社員の手が止まってしまいます。その時間もやはり「無駄」以外の何物でもないので、基本「即答」を心がけている次第です。

また、資料を見てからコメントする必要がある場合には、社員や外注さんがチャットワークでのメッセージに付け加えてくれる、「グーグルドキュメント（Google Documents）」あるいは「グーグルスプレッドシート（Google Spreadsheets）」「グーグルスライド（Google Slides）」のＵＲＬをクリックして開き、そこに直接コメントしたり、場合によっては手直しを加えます。グーグルドキュメントはグーグルが提供している「文書」のクラウドツール、そしてグーグルスプレッドシートは「表計算」、グーグルスライドは「スライド資料」のクラウドツールです（それ以上の詳細は例によって「ネットで調べて」くださいね）。

未だに多くの会社が、文書は「ワード（Word）」、表計算は「エクセル（Excel）」、そしてスライド資料は「パワーポイント（Power Point）」といったツールを使用し、それらのファイルをメールに添付して送っていると思います。しかし、私の会社ではそもそもメールを社内コミュニケーションには使っていませんし、クラウドツールにファイルの添付機能はあるものの、それをすることを一切認めていません。「ワード」「エクセル」「パワーポイント」で作成したファイルはそれぞれ「グーグルドキュメント」「グーグルスプレッドシート」「グーグルスライド」にアップできますので、これらにアップして見せるように指示しています。

なぜなら、「添付して送られてくる」→「そのファイルを開き、直しを入れて、添付して送り返す」→「相手がそれを開いて確認する」という手間が非常に無駄だからです。しかも、一つのファイルでそのようなことを何度も繰り返していると、自分のフォルダに同じ資料のファイルがいくつも増えてしまうという無駄、そしてそれらを整理する手間が増えるという無駄も発生してしまう。しかも、案件はそれ一つだけではなく他にもたくさんあるので、いちいちこのような無駄が増えるのでは全く効率的ではありません。

さらには、この方法だと複数の人が見て直しを入れる必要がある場合、直しを受ける相手方は何人もの人から添付されてきたファイルをいちいち開いて確認しなければなりません。この手間も無駄なことはもちろん、直し漏れのミスも起きやすくなってしまいます。ということで、これだけ数多くの無駄に振り回されることのないよう「直接添付」を禁止にしているのです。

「グーグルドキュメント」「グーグルスプレッドシート」「グーグルスライド」であれば、同じ一つの画面を各自のパソコンやスマホ上で同時に共有できるので、URLをクリックして開けばメンバー全員がそこにコメントを書き込めるし、「誰がいつ、どんなコメントを入れたのか」もすぐにわかります。しかも、たとえばAさんがコメントを書き込んでいる時にBさんが同じ画面を見ていれば、Aさんのコメントが書き込まれていくのをライブで見ることができるのです。

本書の原稿も、まさにグーグルドキュメントにアップして、別の場所にいる担当編集者さんがリアルタイムにコメントを入れ、それを私が同じページ上で直していくという形で仕上がっていきました。このように、すべてのやりとりが同じ一つのシート上でできてしまうので、「直接添付」によって生まれる数々の無駄が一切起きないわけです。

社員や外注さんとの電話のやりとりも、よほどの緊急時以外一切ありません。それは第3章のシリコンバレーの事例でもお伝えしたとおり、作業を途中で遮られ、時間を奪われるからです。

それ以前に、「そもそもコミュニケーションツールが多すぎる」という無駄を排除する目的もあります。一般的な会社では、メール、電話、口頭、付箋紙など、いろいろなコミュニケーションツールを使っているようですが、それらを全部使っているから連絡がとっ散らかって無駄が多くなるし、「連絡の確認漏れ」も発生してしまうのです。こんなナンセンスなことをしたくないので、私の会社ではコミュニケーションツールをチャットワークに一本化しています。これですべての連絡が一つに集約されるので漏れは起こりませんし、チャットなので比較的単文で済み、入力時間の短縮にもつながります。

さらに言えば、私はオフィスに行くことはほとんどないので「口頭」「付箋紙」というのは物理的にもありえません（笑）。

電話といえば、電話によるカスタマーサポートも「無駄な時間を費やしてしまう」という理由により、基本的には行なっていません。さきほどお伝えした「問い合わせフォーム」での対応がメインです。お客様の立場を考えれば電話対応も行なったほうが満足度が高いことは承知していますが、それでは時間ばかり奪われて生産性が上がりません。それに、ネットサービス業界では、たとえばヤフー（Yahoo!）のような大手の会社でも、サイトのサポートのためのコールセンターは存在していません。その代わり「よくある質問」のページが設けられ、それを見ても解決しないことに関しては、問い合わせフォームから質問を送るというスタイルになっています。

また、最近ではホームページの右下などにチャットのできるコーナーが表示され、担当者が対応できる状態であれば、チャットで問い合わせと回答のやりとりができるようになっている会社もあります。そんなこともあり、私の会社もＩＴをフル活用する会社として、電話によるカスタマーサポートは一部の電話対応必須の業務以外は行なっていない次第です。

もちろん、たとえば「ジャパネット」のように、お年寄りがお客様のボリュームゾーンになっている会社は、電話対応のあることが売上の伸びに大きく貢献するので電話は必須のアイテムだと思います。しかし、そういった特段の事情がない限り、個人的には電話はコミュニケーションツールとしてもうその役目を終えていると思っています。

さて、めったに行かないオフィスですが（笑）、ここには映像スタジオが併設されているので、商品やサービスのプロモーション用の動画を撮影するときに私が出演する必要があれば行く、というのが現状です。

私は日常の仕事をしている時間は、自宅からほとんど出ません。ちなみに、よく「自宅では集中できないからスタバに行く」という人がいますが、私の場合は自宅のほうが集中できます。それに、スタバとかに8台ものパソコンやモニターなんて置けるはずもありませんし（笑）。

「商談や社内会議はどうしてるの？」

と思われる方もいらっしゃるかもしれませんが、大丈夫です。

商談は、初顔合わせなので面談が必要という場合を除き、ほぼすべて「オンライン会議システム」を使って行なっています。このような形で行なう商談や社内会議を、私は自己流に「クラウドオンラインミーティング（Cloud Online Meeting）」と呼んでいます。

本書執筆現在、そのクラウドオンラインミーティングには「ZOOM」というシステムを使用しています。このシステムでは、お互いの顔をカメラで映し合うことができ、私のほうは相手の姿をモニターに映し出しますので、自宅にいてもリアルに商談や会議をしているのと同じような臨場感があります。ちなみに相手方は移動中であればスマホでも参加できますし、音声だけを聞いていることもできます。

また、たとえば5人の相手とオンライン会議をする場合に、それぞれが違う場所から参加するという時でも、「ZOOM」ならその5人の映像をモニター上に映し出してくれます。ちなみに、相手方が5人とも同じ会議室に集まっていて、かつ、私の会社も自社の会議室に5人集まって「会議室対会議室」「多数対多数」でオンライン会議を行なうことも容易です。私のオフィスの会議室には50インチの大画面モニターがあるので、相手方にも同様の環境があれば、お互いの会議室を映し合うことができ、リアルに行なうのと全く遜色のない会議ができています。

しかも、設定しておけば会議を自動的に録音することもでき、会議終了後に音声ファイルとして書き出してくれる機能まで付いています。それとは別に議事録もつくりますが、これは議事録係が「グーグルドキュメント」あるいは「エバーノート（Evernote）」という「ノートを取る感覚」で使えるクラウドツールに入力して、会議終了後に即共有します。

というわけで、社内はもとより、対外的にも「極力会わずに自宅でクラウドオンラインミーティング」というスタイルを貫いていますので、私は日本のビジネスの風物詩である「接待」や「おつきあいの飲み会」をほぼ一切やりません。これもまた、私の中では「時間の無駄」以外の何物でもないのです。なので「ここは超大型の契約を取る勝負時」というような、よほど重要な意味を持つ場面以外、私はそういったつきあいは一切しません。お酒は好きですが、もっぱら家飲みです（笑）。

このように、私の働き方にはとにかく「無駄」というものがほとんどありません。

自宅から出ないので、出かける支度をする時間や自宅から会社までの往復時間、さらには交通費までも必要ない。その分、仕事の時間が増やせます。

資料はすべてクラウド上にあるので、資料を印刷するトナーインクや紙はほとんど必要なく（経営者なので、自分の署名が必要な一部の書類をプリントアウトする必要がどうしてもあるだけです）、そしてそれらを保管するスペースも必要ない。

フォルダもパソコン内ではなくすべてクラウド上に置いているので、外出の必要がある時にどのノートパソコンを持ち出しても必要なフォルダをすぐに引き出せる。しかもフォルダやファイルの更新も完全に同期させられるので、仕事のパフォーマンスが落ちることはありません。パスワード関連はさすがにクラウドに置かずにパソコン内のフォルダに納めますが、Ｍａｃの場合は自分が所有するすべてのパソコンで同期できますので便利です。

さらには、基本的にあまり外に出ないので、誰かが風邪を引いていたとしてもうつされることがない。これは結構重要です。いくら自分が健康管理していてもうつされたらどうしようもないですので。夏場でもマスクを付けて咳をしている人がいますから、外は本当に恐いです（笑）。
私の会社には、役員および社員が本書執筆時点で合計４名おり、うち３名は業務の性質上オフィスに常駐してもらっていますが、私がオフィスに行かないので羽根を伸ばしながら仕事をしております（笑）。重要なのは、その結果、社員の生産性が上がっているということです。なので私が行かないほうがいいのです（笑）。彼らは優秀なので、チャットワークを通じてコミュニケーションを取っていれば、それ以上の管理をしなくても自発的にどんどん動いてくれます。

唯一といってもいい無駄は、宅急便が自宅に配達に来る時です。時間にすれば１分もないのですが、正直ちょっとイラッとします。とはいえ、それは私がアマゾンで頼んだ本などが届くので自業自得なのですが（笑）。

ちなみに、本書執筆中、私にはちょっとめずらしく区役所に所用で行く機会がありました。区役所なんて１年に一回も行かない場所なのですが、そこで、なんと30分も待たされることに…。しかし、私はこの時はイラッとしませんでした。なぜなら、その30分の間、私は持参していたノートパソコンでメルマガを執筆して配信まで完了させたからです。このように、私の働き方は、自宅でなくとも、ＷｉＦｉとノートパソコンさえあればいつでもどこでもできるというのが大きな特長です。ちなみに、区役所への往復はタクシーを使いました。これに限らず、私がどこかに移動する際はほぼ必ずタクシーです。なぜなら、タクシーの中でもノートパソコンやスマホを開いて仕事ができるからです。まさに「いつでもどこでも好きな時に」のワーキングスタイルを満喫しています。

◆ここがポイント

**生産性を上げるにはとにかく「無駄を徹底的に省くこと」。複数のモニターとクラウドツールを駆使すれば、極限まで無駄を省いた働き方ができる。また、ＷｉＦｉとノートパソコン1台あれば、いつでもどこでも仕事ができる。**

## 今のあなたの働き方と比べてみよう

いかがでしょうか。これが私の働き方であり、あなたにおすすめする「無駄を徹底的に省いて生産性を上げる働き方」の実際です。私はこの働き方を、基本的に半径3メートル以内ですべてできてしまうことから「半径3メートルワーキング」と名付けています。

これを、今のあなたの働き方と比べてみてください。

「会社勤めだから自宅で完結できる働き方なんて無理」という部分を差し引いても、いろいろと「無駄」が見えてこないでしょうか？

山積みになった資料、何人もの人間が予定を無理くり合わせて集まったのに成果があったのかどうかわからない会議、作業が中断されるばかりかその後の予定が狂わされてしまう突然の電話や取引先の来訪、意味があるのか無いのかわからない接待……。

などなど、私から見れば本当に「無駄だらけ」としか言いようがありません。いくら優秀なビジネスパーソンでも、こんな働き方をさせられていたら生産性が低くなって当然です。

他にもこんな「無駄」があります。

今の日本のサラリーマンは仕事中に何か探し物をする時間が「年間160時間」あるといわれています。これはおよそ1ヶ月分の勤務時間に相当します。それだけたくさんの時間が、たかだか「物を探す」ことのために使われているわけです。

「そう言われてみれば、『あれ、どこ行ったっけ』なんてよくやってるな…」

そんな心当たりはないでしょうか?

しかし、さきほどお伝えしたような各種のクラウドツールを有効活用すれば、そのツール内の検索機能を使うことで「この資料はここにある」「この案件の連絡事項や進捗状況のやりとりはここにある」と一発でわかりますので、探し物という「無駄」な時間は大幅に削減できます。その結果、業務に圧倒的な「時短効果」が得られ、生産性も上がるわけなのです。

昨今、政府も「働き方改革」を標榜するようになり、その課題として「長時間労働の改善」「労働市場に参加していない女性や高齢者などの働き手を増やす」といったことが挙げられています。それとともに、最近では企業もクラウドツールを駆使して「業務効率をアップさせて生産性を上げる働き方」を推進させたり、「テレワーク」（『tele＝離れた場所』＋『work＝働く』の造語。時間や場所にとらわれない柔軟な働き方）を導入して子育て中の女性や高齢者の就業を支援するようになってきました。

したがって、会社における「無駄」は今後だんだん少なくなっていくと思われます。

ただ、こうした働き方改革は結局「会社勤め」が前提の話です。

会社勤めを続けるとその先の未来がないことは第1章でお伝えしたとおりで、いくら働き方改革がなされても、そもそも「会社で働けなくなる」ことになってしまったら本末転倒です。

そして、会社の働き方改革は会社が考えるべきことで、仮にあなたが考えて会社に訴えかけても、働き方改革の推進担当にでもなっていない限り、それこそ「無駄」に終わってしまうと思います。

なので、あなたはあなた自身の将来のために、これから会社をクビにするべく副業・起業を進めていく際の働き方を「無駄を徹底的に省いて生産性を上げる働き方」にしていきましょう。

◆ここがポイント

**多くの会社は「無駄」が蔓延している。今のあなたの働き方もその影響を受けてしまっている。それは仕方ないとして、自身の将来に向けて、副業・起業での働き方を「無駄**

を省いて生産性を上げる働き方」にしていこう。

## 「すべてにコストがかかっている」と自覚せよ

今のあなたの働き方が「無駄」の多いものだということは、よくわかったのではないかと思いますが、毎月決まった給料がもらえる今の立場であれば、「無駄をなくさなきゃ」という思いはそれほど強くないかもしれません。

しかし、あなたは副業・起業に向けて動き始めているわけですから、少なくともその活動においては「無駄をなくす」ことに徹底的にこだわらなければなりません。

言うまでもないことですが、副業・起業は誰かに雇われるのではなく自分でビジネスを行なうわけですから、働きさえすれば毎月同じ給料がもらえることはありません。自分が売上を上げなければ収入もゼロです。また、売上を上げても無駄な経費を払っているとその分収入も減ります。だからこそ、「無駄をなくして利益率を上げる」。これを徹底して追求していく必要があります。

つまりは「サラリーマンの考え方から経営者の考え方に切り替えろ」ということです。

経営者の考え方になると、「ビジネス活動のすべてにコストがかかっている」ことを強く認識します。

私が行なっているインターネットマーケッターの仕事では、ＬＰの制作コスト、メール配信システムの使用コスト、サーバーやドメインの維持コストなどがあります。もちろん、社員の人件費や外注さんへの外注費用、オフィスの賃料や水道光熱費、パソコンや映像機材などの設備費用もすべてコストになります。

中でも「時間」は特に重要視すべきコストです。たとえば一日8時間働いて8万円の売上が上がれば、経費を考えなければ「時給1万円」となります。しかし、同じ売上を4時間で売り上げれば時給は倍の2万円です。ならば当然、4時間で済むほうが生産性も上がり、残り4時間の「時間コスト」が削減でき、その時間をさらなる売上の創出活動に回すことができるようになるわけです。

私などは、資料で見るユーチューブの動画は「2倍速」で見ます。これにより、視聴時間コストは半分になります。サラリーマンはこうした計算の必要性をあまり感じないかもしれませんが、これから自分で副業・起業しようというあなたは、とにかく「あらゆる時間はコストだ」という意識を強く持って、つねに「できるだけ短い時間で達成する」ように心がけてください。

ちなみに、さきほどのトピックで「役員・社員は合計4人」とお伝えしましたが、スタッフとしてはもっと必要でありながら4人に抑えているのも「コスト」を考えてのことです。

社員を雇用するとなれば、給料の他に社会保険料や厚生年金といった福利厚生のコストも発生します。また、コスト面だけでなく、その社員の人生を背負うという責任も生まれます。なので、社員は必要最低限にとどめ、他に必要なスタッフは外注さんを起用しています。外注さんであれば福利厚生は必要ありませんし、必要な時に必要なだけ仕事をしていただけばよいので人件費も安く上がります。

弊社では、ＬＰやメルマガのコピーを書いていただくコピーライター、ＬＰのデザインをしていただくウェブデザイナーといった制作スタッフの他、私の苦手としている事務関係を担当していただく秘書さんを外注しています。主には自分の人脈を介して知り合ったフリーランスの方や子育て中の主婦の方で、一度仕事を振って実際の仕事ぶりを拝見した後、「これは」という方に継続してお願いしています（そういった人脈がない場合の外注さんの探し方はのちほどお教えします）。

余談ですが、あえて海外に在住している日本人の外注さんに制作の仕事をお願いすることもあります。その狙いは「私が寝ている時間の有効活用」です（笑）。その間、その外注さんは日中の仕事時間になるので、私が起床した時にできあがっているようにしておくわけです。ここまで徹底して無駄を省いているわけですね。

そして、極めつけはやはり「クラウドツール」の活用です。

これを使いこなすとかなりの時短効果が得られ、一人当たり一日1～2時間の「他のことができる時間」を生み出すことができます。私の会社では社員と外注さんで常時10名ほどが稼働している状態ですので、合計で10～20時間も生み出している計算になります。つまり、人件費のコストをかけなくても社員を2名ほど増やしたのと同じような生産性を実現しているわけです。

いかがでしょうか？　すべてに「コスト」がかかっていて、最小限のコストで最大限の効果が得られるように徹底して考え抜かなければならないということを自覚できたでしょうか？

この自覚は「一人ビジネス」では特に重要で、コストの意識がなければすぐに無駄な出費や無駄な動きが多くなってしまいます。サラリーマンならそれでも給料が出ますが、自分でビジネスをする場合は無駄な出費や無駄な動きは収入減に直結します。だからこそ、「最小限のコストで最大限の効果」ということは紙に書いて壁に貼っておいてもいいほど重要です。文字通り「四六時中」考え続けるようにしてください。

**◆ここがポイント**

**ビジネス活動のあらゆるものすべてに「コスト」がかかっている。この意識を強く持ち、「最小限のコストで最大限の効果」を何事においても実現させていこう。**

## あなたが働き方を変えるとこんな社会貢献もできる

さて、一人で生産性の高い働き方をしても、さすがに一人のマンパワーでは限界があり、何でも一人でやろうとすると生産性が落ちます。たとえばホームページ作成スキルがない状態で何日もかけて自分で悪戦苦闘していたら、他のやるべきことができなくなり、その分、販売開始〜売上発生の時期も遅れるので全くもって効率的ではありません。しかも、できあがったホームページのデザインもはっきり言って「イケてない」と思います。なので、この場合は、デザイナーに外注して作成してもらい、その間に他の作業をするという選択をすべきです。

「でも、外注ってどうやって探すの？」

「外注費用って高くないの？」

そう心配されるかもしれませんが、これは「クラウドソーシングサービス」というものを使えば解決します。

クラウドソーシングサービスとは、簡単に言えば「オンライン上で仕事の発注・受注ができるサービス」です。代表的なのは「クラウドワークス」「ランサーズ」といったサイトですが、外注さんはこうしたサービスに会員登録をして、募集されている案件に応募して仕事を受注していますので、あなたもこれらのサービスに会員登録をした上で、仕事を依頼すればＯＫというわけです。

「会ったこともない人にいきなり依頼して、気に入らないものを納品されて報酬を支払うことになったりしない？」

そう思われるかもしれませんが、そこは「コンペ」という形で、応募してくれた複数の外注さんに制作してもらい、一番気に入った作品を採用してそれを作ってくれた外注さんだけに報酬を支払うということもできるので、心配する必要はありません。

依頼の方法や仕事の内容説明などは、実際に出ている募集案件をいろいろ見れば参考になります。肝心の「外注さんに支払う報酬」を決める際も同様です。たとえばホームページのデザインを依頼したいのであれば、他のホームページデザインの募集案件を参考にしながら報酬を決めればＯＫです。多くの場合、提示されている報酬はどこかの専門業者さんに依頼するよりも割安になっています。と言うと、今度は「なぜ、登録している外注さんは安くてもやってくれるのか」という疑問が湧いてくるかもしれません。

その理由は、「お金じゃない目的の人」が一定数いるからです。

たとえば、ウェブデザイナーとして会社で働いていた女性が出産～子育てのために退職したけれど、在宅で少しでも仕事をしたくて登録しているケースがあります。また、専業主婦で、少しでも社会と関わりを持っている実感を得たいという方もいます。さらには、海外在住の日本人の方で、日本語でやりとりできる仕事を探している方もいます。こうした方々にとっては、お金は「少しでも家計の足しになれば」という程度で、それ以上に「せっかく持っているスキルを持て余したくない」「社会と関わりを持ちたい」「日本の仕事をしたい」といった思いを満たすことのほうが優先度が高いのです。

そしてもう一つの理由は、そもそも個人は会社に比べて余計なコストがかからないからです。会社に依頼すると「組織を維持するための諸経費」みたいなものが反映されてなんだかんだと料金が高くなりがちなのですが、個人はそういったコストがほとんどかからず、純粋な制作費で済むから安いわけです。それでいて、仕上げてくれるのも早いし、レベルも高い。一方、会社に頼んだら担当するのはそこの社員だから、サラリーマン根性が根付いていて仕上げるのも遅いし、レベルもイマイチ。これらはあくまで私がいろいろなところに依頼した経験談ですが、やはり個人で頑張っている人のほうがしっかりと対応してくれます。

したがって、あなたが仕事を依頼すれば、外注さんのそうした希望もかなえてあげられるという「社会貢献」ができます。もちろん、あなたにも「仕事を割安で受けてもらえて、しかもレベルの高いものを仕上げてくれる」というメリットがあります。

ちなみに、クラウドソーシングサービス経由ではありませんが、私がお願いしている優秀な秘書さんは子育て中の主婦の方です。

もしも私の会社が出社を義務付けるような会社であったなら、その方は私の会社で働くことができなかったことになります。しかし、すでにお伝えしたとおり、私の会社はチャットワークや「グーグルドキュメント」「グーグルスプレッドシート」「グーグルスライド」などのクラウドツールを使ったテレワークの働き方ですので、ご自宅で、子育ての合間に仕事をしていただいています。

これはつまり、「子育て中」という理由で失われたかもしれない一人の優秀な働き手を活かす「社会貢献」ができたということです。

これにより、私のほうは「優秀な方に働いていただき、生産性を上げていただいている」、そして秘書さんのほうは「子育て中でも在宅勤務で報酬を得ることができる」という、まさにＷＩＮ－

WINな状況ができあがっているわけです。

社会貢献というと「世界の恵まれない人たちを救う」というような大きなことを考えがちですが、たった一人の希望をかなえる手助けをするのも十分に社会貢献になると思います。このような社会貢献ができることも、私がおすすめする働き方の一つのメリットと考えています。

◆ここがポイント
**一人では限界がある。外注することを考えよう。割安で依頼できる上に、外注さんの「お金じゃない他の望み」をかなえる社会貢献もできる。**

## ポイントは「コミュニケーションと実務」

「仕事とはつまるところ、コミュニケーションと実務の2つである」

これは私が懇意にさせていただいている、株式会社グッドマネジメント総合研究所代表・加藤利彦さんの言葉です。

加藤さんはさきほどご紹介した「チャットワーク」の創業メンバーのお一人で、かつ、グーグルが提供するビジネスツール「Gスイート（G Suite）」を日本で初めて公式に販売することを認められた方です。「Gスイート」とはさきほどご紹介した「グーグルドキュメント」「グーグルスプレッドシート」「グーグルスライド」をはじめ、共有カレンダーや共有フォルダ、ビデオ会議機能など、ビジネスを効率化するツールが網羅されたパッケージのことです。

現在加藤さんは各企業に対して「IT企業を超えるIT活用」の支援をされており、そのIT活用の武器として「チャットワーク」と「Gスイート」を導入されています。その理由がまさに「仕事とはつまるところ、コミュニケーションと実務の2つだから」というわけなのです。

「したがって、この2つの効率を高めればそれだけで生産性はものすごく上がります。一人ひとりの働きやすさも当然アップします。人は生涯で9万時間、実に人生の3分の1に相当する時間を働くことに使っているので、その時間をぜひとも有効に使っていただきたいのです」

加藤さんのそんなお話に、私もとても共感しています。

私の会社では、加藤さんと懇意にさせていただく以前からすでに本章の最初でお伝えしたような働き方を確立させていました。なので、その時は「仕事とはつまるところ、コミュニケーションと実務の2つ」という言葉にまだ出会っていなかったのですが、結果的にこの2つの効率を徹底して高めていたのだな、ということを後から認識することができました。偶然にも加藤さんが創業に関わったチャットワークを導入していたことも、なんだか運命的なものを感じています（笑）。

それはさておき、あなたも生産性の高まる働き方をしていくために、今のうちから「コミュニケーション」と「実務」を効率的に進めていけるようなインフラを整えておきましょう。やることだらけで時間に追われる状態になってから慌てて整えようとしても、その「整えるための時間」すらなかなか取れず、さらに先延ばしになる可能性が高くなってしまいますので。

決してチャットワークやＧスイートの回し者ではありませんが、これらのクラウドツールは、一人ビジネスのスタートアップの段階なら無料で使える範疇で十分活用できます。仮に有料レベルにしたとしても、ライトなプランであればチャットワークは月額４００円、Ｇスイートなら月額６００円。また、エバーノートは年額３１００円（いずれも本書執筆現在。税別）です。おそらく開発に何十億、何百億とかかったであろうツールが、たったこれだけの価格で使えるのですから、まさに「費用対効果の高い投資」と言えるのではないでしょうか。

そして重要なのが、**今はこれだけ「個人で十分立ち回れる武器」が揃っている**ということです。私が起業した当初には、インターネットはありましたが、こうしたクラウドツールは充実していませんでした。ＳＮＳも然りです。だからこそ、今は当時よりも個人が活躍しやすい時代であり、「こんないい時代を会社に縛られたまま黙って見過ごしているなんてもったいない！」と思うわけです。

そういえば、ある小学生の女の子がインスタグラムに自分が考えたカバンのデザインをアップし続けていたら、有名ブランドの社長の目にとまり、「年間１０００万円」でデザイナーとして契約するに至ったというニュースがありました。こんなことが平気で起こる時代なのです。そんな「個人が活躍できる時代」を有効活用すべく、あなたはまず、クラウドツールを使えるようになってください。どのクラウドツールも使い方は簡単ですから、まずは無料のプランで使ってみましょう。今までの「コミュニケーション」と「実務」が劇的に変わるのを実感できるはずです。

また、「実務」に関して、私の働き方ではパソコンとモニターを8台駆使するとお伝えしたので「8台なんて買うお金もなければ置くスペースもない…」と思われたかもしれませんが、もちろん最初からそこまで揃える必要はありません。

その代わり、「ダブルモニター」は強くおすすめします。モニターの面積を2倍にして複数のウインドウを立ち上げるだけでも、作業効率は大幅にアップします。モニターはパソコンショップで安く手に入りますので、さっそくネットで検索して探してみてください。

ちなみに、さらなる「個人が十分立ち回れる武器」として私が注目しているのが「ＩｏＴ（アイ・オー・ティー。Internet of Things)」です。ＩｏＴはパソコンやプリンタなどのＩＴ関連機器以外のさまざまな「モノ」がインターネットにつながる概念を指し、たとえば「車の自動運転技術」「スマホ上で自宅のペットの様子が見える」「天候や気候・気温などを察知してカーテンや窓が開閉する」など、生活のあらゆる場面にすでにどんどん浸透しています。最近では、アマゾンが発表した日本語対応の「アマゾン・エコー」が話題となりました。これはほぼすべての「注文」や「ショッピング」の手続きを、ユーザーの音声一つでワンクリックすらいらない「ゼロクリック」で終わらせるという画期的なアイテムです。

というわけで、ＩｏＴはフィンテックやＡＩと並んで生活・経済・社会を大きく変革させるものなのですが、こうして世の中のほぼすべての「モノ」がインターネットにつながるようになれば、「個人」で活動することの可能性がますます広がると私は思うのです。

十数年前、インターネットの普及によって、それまでなら難しかった「個人で起業する」ことの敷居がかなり低くなりました。そのおかげで私も起業できたわけですが、ＩｏＴが浸透してきている現代は、もはや「誰でも起業できる」ことに加え、「個人でも中小企業並みのパフォーマンスで仕事ができる」くらいに環境がパワーアップしているのです。むしろ、個人は企業のような組織ではないので、フットワークも決断のスピードも企業より断然早い。それを考えれば、中小企業以上のパフォーマンスを出せると言ってもいいような気がします。

ここではいくつかのクラウドツールの紹介にとどまりましたが、これから一人ビジネスをもっとやりやすく、もっとパワフルにしてくれるアイテムはさらにどんどん出てくるはずです。こんな恵まれた時代に生きていて、これほどの恵まれた環境を利用することができる。この絶好のチャンスをぜひ活かして、生産性を極限まで高めた働き方を確立させ、着々と会社をクビにする道のりを進んでください。

◆ここがポイント

**仕事とはつまるところ、「コミュニケーション」と「実務」の2つである。ゆえにこの2つの効率を高めれば生産性は劇的に上がる。これを実現させるクラウドツール、さらにIoTも進んでいる今は昔以上に個人が活躍しやすい時代。だからこそ、やらないなんてもったいない！**

## 知らない人、使いこなせない人は負ける

こうしたクラウドツールやクラウドソーシングサービスがあることは、まだまだ多くの人たちは知りません。そんな中、あなたはこれらの存在を知ることができました。この「情報格差」は、そのまま「経済格差」「時間格差」となって表れてきます。

実際、副業でアフィリエイト（ネット上の商品販売代理）を行なっていて、商品やサービスをアフィリエイトするためのサイト・ブログの記事執筆をクラウドソーシング経由で発注し、子育て中の専業主婦の方などに書いてもらっているサラリーマンは数多くいます。本業があって執筆時間が取れないところを外注して効率化させているわけですね。それによって、稼いでいる人は月に何十万、さらには何百万というアフィリエイト報酬を得ていたりするわけです。しかし、一方では相変わら

ず給料をもらうだけのサラリーマンもいる。こういった差は、能力の差というよりも「アフィリエイトを知っているか・いないか」「クラウドソーシングサービスを知っているか・いないか」の差が生み出しているものだと私は思っています。

そして、逆に記事執筆を請け負っている子育て中の専業主婦の方も、クラウドソーシングサービスの存在を知っているかいないかで家計の潤いが違ってきているわけです。

まさに「知らない人は負ける」ということです。

もちろん、知っていてもやらない、あるいは使いこなせない人も負けます。

突然ですが、あなたは電卓やホッチキスを普通に使っていますよね。これらの事務用品も、その昔にそろばんを使ったり紐で袋とじにしていたりしたのを効率化するために登場したものです。クラウドツールも本質的にはこれと同じような流れで生み出されたもので、それを使わない、使いこなせないというのは未だに電卓やホッチキスを使わないのと同じで「時代遅れ」となるのは必至です。

率直に言って、普通のサラリーマンと同じ知識や働き方、考え方、時間の使い方をしていたら、第1章でお伝えしたような「壊滅の危機」は乗り切れません。そんな淘汰の時代がもうすでに始まっているのです。

副業・起業に限らず、今、仕事において求められているのは、こうした情報や知識、そしてそれらを使いこなして生産性の高い仕事ができるスキルです。決して「いい大学を卒業したか」とかではありません。まして、「大企業に就職できたか」「公務員になれたか」「官僚になれたか」というようなステータスの高さでもありません。そんな仕事に就いた人が勝ち組なのか？　いいえ、違います。もうそんな時代ではなくなっています。

…と、五流高校しか出ていなくて田舎の小さな会社を8回も転職した私が言っても説得力がないかもしれませんが（笑）、一つの証明として、私の会社の社員には東大をはじめ、名だたる大学出身者がいます。高卒のヤンキー上がりの私が東大出身者などを雇用しているわけです。

とはいえ、彼らのスキルが私よりも低いわけではありません。むしろ、ある特定の専門分野においては彼らのほうがスキルは断然上です。しかし、彼らにとっては私が高卒であろうとも「ここで働きたい」という決め手があったわけです。それは、私がずっと磨き続けて年々進化させているインターネットマーケティングのスキルです。

「いい大学を卒業した」というのは、もはや一流企業に就職するための条件として「必要かもしれない」程度のことでしかありません。今ではスキルを身につけて目を見張るような結果を出せば、高卒でもヘッドハンティングする会社が増えています。「高卒だから」という理由で採用しない古い経営体質の会社は、この先どんどん淘汰されていくのではないでしょうか。

さらに言えば、あなたが朝早く起きて、満員電車に押しつぶされて会社に行ってあくせく働いている間、好きな時間に起きて自宅でサクッと仕事をして、あなたの給料の何倍、何十倍も稼いでいる人がたくさんいます。会社で出世しても入ってこないような額を彼らは涼しい顔をして稼いでいるのです。この違いは学歴や能力によるのではなく、まさに知識とスキルの差でしかありません。

この事実をあなたはどう思うでしょうか？　まだ「汗水垂らして働くのが正義。楽して稼ぐなんてもってのほか」というような「社会的洗脳」に冒され続けますか？　ならば、なぜクラウドツールが誕生し、どんどん普及しているのでしょうか？　つまり**「汗水垂らして…」という考え方は世の中の「効率化」「生産性向上」の流れに完全に逆行しているの**です。

まして、これから少子化が進んで労働力が減っていくわけですから、「効率化」「生産性向上」は必須です。それをサポートしてくれるツールはいまや充実しています。それなのに「汗水垂らして…」と言っていたり、ツールを使いこなせないというのでは、もはや取り残されるしか道はないでしょう。

そういえば、トヨタ自動車は２０１７年12月より、入社10年目以降の主任職を対象に、実際の残業時間に関係なく毎月17万円を残業手当として一律に支給する制度を導入するようになったそうです。17万円という額は主任職の平均で残業手当45時間分にあたるそうなのですが、たとえ残業時間ゼロでも17万円が支払われるというのはユニークな取り組みだと思います。

もちろん、実際はそれなりの残業が常時必要な環境かもしれませんし、残業時間も45時間以上になる可能性もあるのかもしれません（その場合は手当が上乗せされるそうです）。しかし、トヨタ自動車は「賃金は労働時間の対価であるという考えを払拭し、メリハリある働き方につなげたい」とコメントしており、この制度は「効率的な働き方」を推奨する目的で導入されたものとなっています。つまり、このような大企業でも「お金とは汗水垂らして働いて得るもの」という従来の考え方を改革する流れになっているのです。

会社にいると会社の考えが常識になってしまいがちなので、その会社が「汗水垂らして…」を良しとする風潮なら「スマートに仕事を終わらせる」という考えは浮かばないのかもしれません。しかし、あなたは本書で「それは違う」ということに気がついてしまった。つまり、古い考えに縛られた羊の群れから抜け出せたのです。

こうなればこっちのものです（笑）。今までと変わらない毎日を繰り返すしかなかった日々は、今日で終わり。あとはどんどん行動して、今勤めている会社の体制がどうだろうと、あなたは副業・起業を「無駄を徹底的に省いた、生産性の高い働き方」で軌道に乗せ、最短ルートを通って一日も早く会社をクビにしてください。

**◆ここがポイント**

**情報格差はそのまま経済格差・時間格差となって表れる。さらに、知っていても「やらない」「使いこなせない」ならいずれ淘汰される。今求められているのは学歴よりも「無駄を徹底的に省いた、生産性の高い働き方」をするスキルだ。**

## 長者番付から見えてくること

ここまでのお話で、あなたは「無駄を徹底的に省いた、生産性の高い働き方」がいかに大事なのかを理解し、そんな働き方がクラウドツールの活用などによって実際にできることもわかったと思います。

そして、あなたは今、副業・起業をインターネットを活用して進めていこうとしている段階のはずです。この「インターネットビジネス×無駄を徹底的に省いた、生産性の高い働き方」というのは、私の知る限り、たった一人でも中小企業並みのパフォーマンスを発揮できる「最強の組み合わせ」です。

突然ですが、フォーブスジャパンが発表した「日本長者番付２０１７」のトップ50のうち、インターネットビジネス関連の創業者や代表者は６名います。そしてその６名の方々は、ほぼ40代までに創業して、かつ、わずか数年程度でトップ50入りを果たしています。

世界に目を向ければその傾向はさらに顕著で、たとえばフェイスブックの創業者であるマーク・ザッカーバーグ氏は創業わずか数年後の２０１０年に「世界で最も若い10人の億万長者」の第１位に当時25歳の最年少でランクインし、２０１７年には32歳という若さで約７兆円の資産を保有してフォーブスの世界長者番付の第５位になっています。

何が言いたいかというと、「それほど若くして、そしてスタートから短期間でビジネスを伸ばせるのはインターネットを絡めたビジネスしかない」ということです。いきなり長者番付レベルのお話をしたので当事者意識がないかもしれませんが、あなたがインターネットビジネスの道を選んだなら、「可能性」としてはありえるわけです。長者番付に載るまでではなくとも、インターネットビジネスで短期間に富裕層に入った人たちはたくさんいます。私もまだまだですが、年商数億円レベルは行っていますので、片足は引っかけている感じでしょうか（笑）。

もっと現実的な話をすれば、**たった一人でスタートしてわずか数ヶ月で月収100万、200万と稼げるビジネスはインターネットビジネス以外にありません。**

これはなんと言っても、ホームページが365日24時間、給料を払わなくても文句も言わずに働いてくれる営業マンとして活躍してくれることが大きいです。そして消費者側も、インターネットのおかげでいつでもどこでも世界中とつながることができるようになり、オンライン上で消費行動を取る機会が格段に増えました。

ちなみに、私は本書執筆中にヨーロッパに出張する機会があったのですが、帰りのフライト中にノートパソコンで仕事をしていたら、自宅にいる妻から「ビールがない」とチャットが来て、すぐにアマゾンで頼みました。まさに「いつでもどこでも」。こんな時代になったのだと、空の上で改めて実感しました（笑）。

そして、お店で実物を見て買うのが当たり前だった家電製品や洋服なども、今やネットショップで買うのが当たり前。このように、販売側も消費者側もオンライン上での接触頻度が増えているので、必然的に売上も上げやすくなっているわけです。

そんなインターネットビジネスに参入する上に、さらに「無駄を徹底的に省いた、生産性の高い働き方」を採り入れれば「最強」にならないわけがありません。つまり、ビジネスにおいても「個人が活躍できる時代」となっているわけで、この時代に会社に居続けるというのは実にもったいないと思うのです。

会社にいたら個人の活躍なんて制限されてしまうことを、あなたはもうわかっているはずです。あなたは本来もっと活躍できるポテンシャルを持っているはずですし、その活躍をサポートするツールも充実しているわけですから、自信を持ってインターネットを使った副業・起業を進めてください。

**◆ここがポイント**

**「インターネットビジネス×無駄を徹底的に省いた、生産性の高い働き方」は、たった一人でも中小企業並みのパフォーマンスを発揮できる「最強の組み合わせ」である。比較的短期間で長者番付に名を連ねた人たちのビジネスモデルもまさにこれである。**

## あなたの「理念」を大切に

たった一人でビジネスを始めるにしても、ある程度時間が経てば一人ではやり切れない部分や専門外の問題などが出てきて、遅かれ早かれ外注する時がやってきます。そして、やがてはその中から継続的に業務を委託できる、信頼のおける人が何人か出てきます。すると必然的に、あなたのビジネスに「チーム」ができることになります。そもそもビジネスはチームでやることのほうが多く、だからこそ会社という形態も存在しているわけなので、この流れは当然とも言えます。

ここで重要になってくるのが、あなたのビジネスの「理念」です。

会社には必ず企業理念があります。たとえばグーグルには「ユーザーの人生や生活をより良いものに」という理念があり、これをベースとして「ユーザーの人生や生活をより良いものにするツールやアプリケーション」を次々と生み出す企業文化ができあがっています。アップル社では、社員証の裏に11個の「成功のためのルール」が記載されていて、社員たちはこれをつねに心に置いて仕事をしています。

引用すると、

1．古いものは手放し、未来を最大限に生かせ。

2．常に真実を語れ。悪い知らせほど早い方が良い。

3. 最高の誠実さが求められる。疑問があれば、聞くこと。
4. 良いセールスパーソンではなく、良いビジネスパーソンになることを学べ。
5. 床は全員で拭く。
6. スタイル、スピーチ、顧客をよく見ることにおいてプロであれ。
7. カスタマーの言葉を聞け。そうすれば概ね理解してくれる。
8. パートナーとＷＩＮ－ＷＩＮの関係を作れ。
9. お互いに気を配ろう。情報を共有することは良いことだ。
10. 難しく考えすぎない。
11. 楽しむこと。でなければ価値がない。

というもので、これらはアップル社以外でも十分に活用できる内容です。アップルの創業者である故・スティーブ・ジョブズ氏は「常識？　ああ、凡人が仲良く生きるためのルールのことか」という名言を残していますが、こうした考え方も同社の企業文化に大きな影響を与えていると思います。

個人や中小企業の場合は、あなたの理念や価値観がそのままチームの理念や価値観、文化となるケースがほとんどです。私の会社の場合は、私自身が「お客様の人生と資産形成に貢献したい」と考えており、社員も外注さんもその考えを理解して動いてくれています。

また、会社組織図は、よくあるような「トップの人間が上に配置されている形」になっておらず、トップである私を一番下に配置しています。これは「社員の頑張りがあって私が存在できている」という考えの表れです。この組織図も社員に見せているので、社員たちは自ら士気を高めてくれています。ちなみに、組織図にはないものの、社員よりも上に位置しているのがカスタマー（お客様）です。

なお、本書も「お客様の人生と資産形成に貢献したい」という理念のもと、あなたに「会社をクビにして会社から自由になれる道、そして働き方があること」などに気付いてもらい、それを実践してほしいと願ってお届けしています。

それから、「チャットワークでどんな小さな案件であっても専用のチャットグループを作ってコミュニケーションする」ということも徹底しています。たとえばAさんという社員だけを相手にたった2案件しかやりとりがないという場合でも、1案件ずつ2つのチャットグループを作ってやりとりをしています。一見非効率に見えるかもしれませんが、複数の案件のやりとりを一つのチャットグループで行なうほうが結果として非効率なのです。細かいことではありますが、私の考えがそのまま会社の方針として浸透している一例です。

さらに、私は社員や外注さんが遠慮なく率直な意見が言える環境を作るようにしています。

その理由の一つは、「そもそもある領域においては社員や外注さんのほうが私よりもスキルが上なので、その立場からの意見を素直に聞きたいから」ということです。たとえば私が書いた投資案件のLPのコピーでも、社員やコピーライターの外注さんに見せて、どんどん直しを入れてもらっています。なぜなら、そのほうが成約率が上がるからです。しかし、もっと本質的な理由があります。それはさきほどの組織図の話にあるとおり、主役は私ではないからです。なので、社員に有無を言わせず私の独断で事を進めるとか、無理矢理自分に従わせるといったことは一切しないようにしています。

あなたがこれから始めるビジネスにあてはめるなら、あなた自身がどう考えているかを示すことで、その考えに沿ってビジネスが動き出します。そして、チームができた時にはチームメンバーもそれを理解し、その考えに沿って動くようになり、それがあなたのチームの文化を形成していくことになります。これは非常に大事なことで、あなたがしっかりした考えを持ってそれを示さなければ、たとえば「要望に沿った働きをしてくれない」「思ったのと違うものができてきたので、やり直し」といった無駄も生まれ、生産性が上がらないことになってしまいます。

なので、あなたがビジネスをする上で大切にしたいことや、どんなことを実現したいのか、「すべきでないこと」は何なのか、など、できれば文書化して、チームメンバーに必要なときに見せられるようにしておくとよいと思います。こうした理念を決めなければ、あなたのビジネスは「羅針盤のない航海」をするようなものになってしまうでしょう。そうならないためにも、今のうちから理念をしっかり固めておきましょう。

◆ここがポイント

**生産性を上げるためには「理念」を掲げ、それをチームに浸透させることも必要不可欠である。**

## あなたが働き方を変えれば「三方よし」になる

「三方よし」というのは、江戸〜明治時代にかけて、近江（現在の滋賀県）に本店を置いて活動していた近江商人の理念で、のちに商売人の精神として受け継がれるようになりました。具体的には、**「売り手よし、買い手よし、世間よし」。**商売は売り手も買い手も満足でき、さらに社会も良くなるものでなければならないという考え方を言います。私はこの「三方よし」を、ビジネスの師匠から聞いて初めて知りました。

この考え方は、あなたが働き方を変えようとするときにも通じると私は思っています。

その際は「あなたよし、相手よし、周囲よし」の「三方よし」となります。つまり、あなたが今の働き方から本章でお伝えした働き方に変えることは、あなたにメリットがあるだけでなく、外注さんにも、そして家族などの周囲にもメリットとなるわけです。

たとえば、チャットワークやGスイートを使ったことがない外注さんに、これら2つを使ってもらうようにする。この場合、その外注さんは仕組みや使い方を覚えなければならないので、当面はその分だけ負担が増えますが、使い方は簡単ですからすぐに慣れます。そして、その後の外注さんは、以前よりもコミュニケーションや実務の「時短」が実現でき、作業時間が増えるというメリットが生まれます。また、増えた時間を仕事だけでなく、家族や友人たちのために使ってもらえば、周囲にも喜んでもらえることになります。

さらには、少し大げさかもしれませんが、こうした働き方を普及させていけば、日本の労働生産性を向上させる社会貢献にもつながると思います。本章でお伝えした働き方、そしてクラウドツールは、まだまだ知らない人がたくさんいます。なので、それをあなたが伝承し、一人でも多くの人の働き方を変えて生産性を上げていく。そして、伝承された人たちもさらに伝承していく。そうすることで、少しずつでもこうした働き方と生産性の高さが「日本の文化」の発展につながっていくのではないかと思うのです。

ちなみに、近江商人は「三方よし」の他に「商売十訓」という商売の教訓を掲げていました。その中に

「無理に売るな、客の好むものも売るな、客の為になるものを売れ」

「良きものを売るは善なり、良き品を広告して多く売ることはさらに善なり」

という2つの教訓があるのですが、私は今まさに本章でこれらを行なっています（笑）。ただし「売る」という部分を「紹介する」という言葉に変えて、です。

本章でお伝えした働き方は、これから副業・起業をスタートさせ、会社をクビにして自由に生きていくために「必須」といえます。ゆえに「良きもの」で、「あなたのためになるもの」ですから、これを紹介しないのは商売人の流儀に反するわけです。

というわけで、まずは働き方で「三方よし」を実現し、その後のビジネスの「三方よし」につなげていきましょう。

◆ここがポイント

**「無駄を徹底的に省いた、生産性の高い働き方」は、「あなたよし、相手よし、周囲よし」の「三方よし」を実現する。**

## 自宅にいたまま世界進出もできる

「世界進出」と言うと、「そこまでは考えてない」と思うかもしれません。しかし、日本はこれから少子化が進むので、商品やサービスの買い手の絶対数も減ってきます。なので、あなたもいずれは世界を見据えなければならなくなる時が来ます。これは、仮にあなたが会社に居続けたとしても同じです。私も以前は「世界に出なくても…」という思いだったのですが、今は「早く出ないとまずい」という気持ちに変わり、その第一歩としてマレーシアのクアラルンプールに現地法人を置きました。

ちなみに、最初の拠点をマレーシアにした理由は、まずはアジアの中の英語圏でビジネスを進めたかったからです。世界規模で見れば日本語を話す人はわずか2％で、世界の共通言語と言えばやはり英語ですので、英語圏を相手にするだけでマーケットは当然広がります。とはいえ、私の英語はまだまだ発展途上ですので頑張らなければなりません（笑）。

「でも、英語圏に斬り込むならまずはアメリカでは？」

そう疑問に思われたかもしれませんが、実は、私は直感で「まずはアジアの英語圏から」と決めていたのです。直感なので特にロジカルな理由はなかったのですが、その後にシリコンバレーを視察することになり、実際に見てみて「やっぱりここでは太刀打ちできない」と痛感し、「アジアの英語圏進出」という自分の直感に確信を持ちました。

第3章でお伝えしたように、シリコンバレーは「いつでも社員をクビにできる」「即断即決」など、日本の会社と考え方がまるで逆です。さらには、商品開発もマーケティングも違います。

シリコンバレー以外のアメリカではそうでないところもあるかもしれませんが、それでも英語でプレゼンや交渉をするのは当然ですし、そもそもアメリカと日本では根付いている文化の違いもあるので、たとえ英語が話せても現地の人にはかなわないはず。そんな環境にいきなり行ったらすぐに潰れてしまうと思いました。いずれはＬＡに住みたいという夢はあるものの、それはアジアで事を成し遂げた後の話です（笑）。

余談になりますが、この思いは本書執筆中のヨーロッパ出張でさらに強まりました。英語がまだまだの私は、フランス、スペイン、イギリスと、訪れた国でそれぞれ通訳を依頼していたのですが、通訳を介していては、会話は成り立ちますが「コミュニケーション」が取れないのです。

私はヨーロッパに向かうフライト中、尊敬する村上憲郎さんの「一生食べられる働き方（PHP新書）」をキンドルで読んでいました。村上さんは元・グーグル米国本社副社長兼日本法人代表取締役だった方です。その本の中に「能力的には自分のほうがある（と、思われる）のに、英語ができないだけで外国人に下に見られる」といった意味の言葉が書かれているのですが、これを私は現地で痛感することとなりました。伝えたいことが伝わらない。このもどかしさ、相手の「あなた英語話せないの?」といった表情。本当に屈辱的でした。「話せないから何なんだ!」と言い返したくても、それも英語で話さなければならず、話せないのでさらにもどかしく…（苦笑）。


そもそも、私が英語を学習し始めたきっかけの一つは村上さんとたまたまお会いする機会があり、その時に村上さんが私に言ってくださったこんな言葉にあります。

「いいか渡部。英語を今からやっても遅くないか?　とよく聞かれるが、30歳のあの時やればよかった、40歳のあの時にやればよかった…と、年を取るたびにそう思うから今すぐやりなさい。残念ながら、好むと好まざるとに関わらず、英語は世界共通語なんだから覚えざるを得ないんだよ」

それで英語学習を続けていたのですが、ヨーロッパを訪れてみて、本気度が足りなかったことを思い知らされました。

「この屈辱を晴らさないといけない」

私は改めてスイッチが入りました。もともと五流高卒のヤンキー上がりでどこの会社に行っても勤まらず「実力で成り上がるしか選択肢がない」という状態だった私は「反骨心」でここまできたので、英語も反骨心で頑張って通訳無しでもいけるようになろうと奮い立ちました。

ただし、ここまではプライベートで現地の方とコミュニケーションする場合のお話です。

ビジネスの場合は、たったひとことの言い回しやニュアンスの違いで大変な誤解が生じることもあるので、やはり通訳は必要です。

ただ、その通訳も、しっかり選ぶ必要があるということを今回思い知らされました。これはあくまで私の個人的な感覚ですが、お互いの国の文化を理解し、私の人となりも理解してくれて、私の言葉を適切に、場合によっては意訳までして私の意思を相手にしっかり伝えてくれる方を通訳にしないと絶対にダメなのです。わざわざ海外に行って直接対面して行なった大事な打ち合わせが、通訳次第でいい方にも悪い方にも転んでしまう。私は訪れた各国で複数の通訳さんをお願いしたので、このことを本当に痛感しました。

話を戻しましょう。海外に拠点を設けたとはいえ、私は今の「半径3メートルワーキング」を続けていて、現地と日本を頻繁に往復するような生活はしていません。たまには行きますが（笑）。

つまり、「仕事はつまるところ、コミュニケーションと実務の2つ」というのは世界共通で、これらがクラウドツールでできてしまうならば、世界進出しても全く変える必要がないのです。

むしろ、この働き方だからたった一人でも世界にも進出できるのです。もちろん、自宅に限らず、世界中どこにいても全く同じ働き方でいけます。実際、私はヨーロッパ出張中も普通に仕事ができていました。ちょっと突発的なことが起こってその情報をメルマガに書いて送る必要があったのですが、それも問題なくできました。Ｗｉ‐Ｆｉとノートパソコンさえあれば大丈夫。というのを改めて実感したところです。

「世界進出の必要性はわかったけど、これから副業・起業しようかという段階の自分にはまだまだ先の話だよ」

そう思っているかもしれませんが、それは違います。あなたがインターネットを活用して行なう副業・起業ネタを検索したのであれば、「輸入転売」あるいは「輸出転売」という事業があったと思います。もしもこのネタで副業・起業を始めるなら、いきなり世界の人たちを相手に取引することになるので、実質的に「世界進出」になります。

とはいえ、現地での買い付けは「アマゾン・ドット・コム（Amazon.com　日本のAmazon.

co.jpの大元であるアメリカ版）」や「イーベイ（eBAY。ヤフオクの世界版のようなサイト）」を通じて自宅のパソコンやスマホでやりとりすればいいのですし、仮にメーカーと直接取引するにしても、世界で使われている「ワッツアップメッセンジャー」などを使えばチャットで行なえるので、現地に行く往復の時間や旅費交通費はもちろん、電話やＦＡＸの通信費もかかりません。

また、海外の労働力を使いたいという場合には「アップワーク（Upwork）」という世界的なクラウドソーシングサイトを活用して探すことができます。なので、これも自宅から一歩も出ずにできる。仕事の依頼文を英語で書かなければいけないとしても、今はグーグルやヤフーの翻訳機能の精度も向上しているので、ほぼ問題なくいけるはずです。

いかがでしょうか？

「グローバルの時代」と言われて久しいですが、そもそもグローバル・マーケティングとは、国境を超えて地球全体を一つのマーケットとしてとらえ、相手国に外貨を落としたり、日本に外貨を入れるために行なうマーケティングです。ならば、「自宅にいたまま世界も相手にできる働き方」ができるのに、未だに日本では旧態依然の働き方が幅を利かせているのはおかしいと思いませんか？

政府も「働き方改革」を掲げてはいますが、本章でお伝えした働き方は、それより一歩も二歩も先に進んだものですので、ぜひ、一刻も早くこの働き方にシフトできるようにしてください。

◆ここがポイント

「無駄を徹底的に省いた、生産性の高い働き方」は、世界を相手にしても変える必要がない。つまり、グローバルの時代に最適な働き方である。

## あなたもチャレンジしてみないか

さて、働き方に関するお話はここまでですが、本章の最後として、こんなお話をしておきたいと思います。

「チャットワーク」は、既存のコミュニケーションツールへの不満から生まれました。

メールは使いづらい。SNSはメールよりは効率的だが、ビジネスユースには馴染みにくい。こうした不満から、「だったら理想のコミュニケーションツールを作ってしまおう」ということで生み出されたのが「チャットワーク」なのです。

また、Gスイートが生まれたのも、「文書や資料を1ヶ所で共有できない」ということの不便やフラストレーションにフォーカスしたことが背景にありました。その結果、プロジェクトメンバー全員が、世界中のどこにいても同じ文書や資料を見ることのできる画期的なツールが誕生したわけです。

何が言いたいかというと、こうした気概のある方々の並々ならぬ想いと努力があって、今、私たちは「無駄を徹底的に省いた、生産性を上げる働き方」ができるという恩恵に預かれている、ということです。

なぜそんなことをお伝えするか？　それは、チャットワーク社ＣＥＯの山本敏行さんとお会いして、その考え方やビジネスに対する情熱に感銘を受けたからです。

私は山本さんにお会いする前からチャットワークを使っていて、「よくぞこんな便利なツールを作ってくれた！　おかげで働き方がガラリと変わった！」と感動し、すぐさま社内のコミュニケーションをこれに一本化したほどのチャットワークファンです。なので、そのＣＥＯである山本さんとお会いできるチャンスを得たのは本当に鳥肌モノでした。ただし、お会いするためには私自身、ある「壁」を乗り越えなければなりませんでした。

その「壁」とは、私の「エコノミークラス恐怖症」です。

チャットワーク社は日本の他にシリコンバレーにもオフィスを構えており（台湾にもあります）、山本さんはそのオフィスに常駐しています。そのため、私は飛行機に約10時間乗る必要があったのです。しかし、「働き方に革命を起こした張本人に会える」というワクワク感は、往復１５０万の飛行機代を払ってファーストクラスに乗るという解決法を与えてくれました（笑）。その結果、ついに山本さんにお会いすることができたのです。

ちなみに、第3章でシリコンバレーに行ったお話をしましたが、山本さんにお会いしたのもその時です。なお、さきほどのヨーロッパ出張はこのシリコンバレー訪問の約1年後のことで、ビジネスクラスで行ったのでこの時も大丈夫でした。もっとも、向かう時は機体トラブルなどが発生して、出発から到着まで全行程が数時間も遅れてしまい、また飛行機が嫌いになりかけましたが（苦笑）。

山本さんにいろいろお話を伺ったら、チャットワークを使い始めた時以上の感動に震えました。

「アメリカに住んでみて、日本は本当に最高の国だと実感した。ただ、生産性の低さは他国から指摘されているとおりなので、それをチャットワークで劇的に向上させたい」

「チャットワークが世界で当たり前に使われる、まるで空気のようなツールにしたい。そのために、ITビジネス関連のトップ中のトップが集うシリコンバレーに飛び込んで、本気でチャレンジしている」

そんな山本さんの言葉、姿勢には文字通り「心酔」しました。私がチャットワークの「働き方に革命を起こす」ほどの仕組みと使いやすさに感動したのは、これだけの想いが詰まっていたからなのだということを再認識しました。その想いは、前述のチャットワーク創業メンバーである加藤さんももちろん同じです。

あなたがこうしたツールを使うことは、生産性の高い働き方ができるというメリットが得られるだけでなく、山本さんのような開発者の想いに応えることにもなります。そして、低いと言われている日本の生産性を向上させることにもなります。まさに「三方よし」です。ぜひ、本章でお伝えした働き方を、自分のため、相手のため、社会のために、実践していってください。

さらに言えば、ゆくゆくはあなたもそんなサービスを生み出す人になってほしいと思います。スタートは「会社をクビにする」ための副業・起業であっても、その先には社会にインパクトを与えるくらいのことをしてほしい、というのが私の希望です。

第3章でもお伝えしたとおり、多くの人の不便を解決できるものは、ビジネスになります。世の中にある商品やサービスを改めて見てみてください。不便を解決してくれるものがいかに多いか、すぐにわかると思います。

チャットワークやGスイートだけでなく、どんな商品やサービスにも、それが生まれるまでにはさまざまなストーリーがあります。私の「投資競馬」や「売買配信の1ヶ月無料お試し」も然りです。そんなストーリーを作る側に、あなたもなってみませんか？　そのチャレンジは、少なくとも今の会社の仕事よりはワクワクできるはずです。

**◆ここがポイント**

**本章で伝えてきた働き方は、クラウドツール開発者の並々ならぬ努力の末に可能になった。その想いを汲んで恩恵に預かり、同時に「次は自分が」という気概を持ってみないか？**

# 第5章
# 得た収入は「分散」せよ

## あなたの収入は奪われている

ここからは、あなたが副業・起業で収入を得た「その先」のお話をしたいと思います。

具体的には「収入をできるだけ奪われないための対策」です。

実は、収入は「奪われる運命にあるもの」なのです。事実、**あなたが現在もらっている給料もどんどん奪われています。**あなたが気付いていないだけで、せっかくの収入がまんまと奪われているのです。

ただし、給料が奪われてしまう原因の一端は給料というシステムそのものにあるので、あなたには対策のしようがありません。唯一の解決策は、あなたが会社をクビにして「給料をもらう」のをやめること。それを実現するための方法や考え方はすでに前章まででお伝えしています。

とはいえ、自らのビジネスで得られる収入も「奪われる対象」です。ただ、こちらの収入はできるだけ奪われないような対策を取ることができます。その対策についてお伝えしていきますので、ぜひともしっかり読み進めてくださいね。

まず、本題に入る前に、そもそも「収入が奪われる」とはどういうことなのか?

勘の良いあなたなら、「税金や社会保険料で持って行かれること」と思ったかもしれません。

はい、正解です(笑)。そのため、奪われることを完全に防ぐことはできないので「できるだけ」

奪われない対策、とお伝えした次第です。

ご存じのとおり、給料には「天引き」という仕組みがあります。税金の天引きは「源泉徴収」ですが、これは「自分で納税するという大変なことをしないで済む『楽なシステム』」ということで、サラリーマンの立場を考えたありがたいシステム「のように見えます」。しかし、このシステムこそが、あなたの収入がどんどん奪われてしまう元凶なのです。

なぜなら、所得税率や住民税率が引き上げられてしまったら、その増税分を国や地方公共団体からあっさりと奪われてしまうからです。「払ってください」とお願いされる形なら「払わない」という抵抗もできますが（その後のことはここでは考えない前提で・笑）、先に給料から引かれてしまうのではなす術もありません。

そして、税率の引き上げというのは段階的です。なぜなら、一気に引き上げるとさすがにサラリーマンたちの反発に遭うからです。だから、なるべく目立たないように、少しずつ上げていく。消費税も3→5→8→10%と、実に段階的です。余談ですが、源泉徴収には「税金の無駄遣いを気付かれないように」という狙いもあると私はにらんでいます。各自で納税したら、苦労して納めた税金がどう使われているのかが厳しくチェックされてしまう。それをできるだけ避けるために、源泉徴収というシステムにして目をそらしているのではないでしょうか。

以上の点は、社会保険料についてももちろん同様です。

サラリーマンが天引きされる社会保険料は健康保険料と厚生年金保険料などですが、厚生年金の保険料率が２００４年から段階的に引き上げられてきたのをあなたは知っていましたか？　それまで5年に一度の見直しだったのが、２０１７年9月まで13年もの間、毎年引き上げられてきたのです。もしこのことを知らなかったならば、あなたは国の策略にまんまとやられてしまったことになります。

「その代わりに１００年安心の年金制度にします」

これがその引き上げの大義名分でした。しかし、引き上げが終わった２０１７年10月以降は18・3％でずっと固定されて「１００年安心」のはずなのに、ここへ来て、この保険料率が「25・9％」に跳ね上がるという話が浮上しています。厚生労働省は、人口や経済の動向などから年金制度が持続可能かどうかを検証する２０１４年の「財政検証」で、「所得代替率（現役世代の収入と年金給付額の比率）50％を維持するには25・9％の保険料率が必要である」というメッセージを出しました。これはつまり「18・3％でずっと固定すると約束しましたが、それじゃ全然足りませんでした」とカミングアウトしているのと同じです。「財政検証」は5年に一回行なわれるので、次回は２０１９年。その時までは、一度約束した「18・3％の固定」はさすがに続けると思いますが、それ以降はおそらく「25・9％」に向けて再び段階的に引き上げられていくのではないかと思われます。

「そんなバカな話があるか！」

そう思って当然です。しかし、それにもまして「バカな話」なのは、それほどたくさんの厚生年金保険料を給料から奪われても気付きにくいようになっている「天引き」というシステムそのものです。実際、「給与明細で何がいくら差し引かれてるかなんて、詳しく見ない」というサラリーマンはたくさんいます。国はそうなるのを知っていて「天引き」のシステムを採り入れたとしか思えない狡猾さです。

そして、これは年金問題に詳しい社会保険労務士の北村庄吾さんによるシミュレーションですが、仮に2019年に厚生年金保険料率が一気に「25・9％」になったと仮定すると、健康保険や雇用保険の保険料率アップも加味すれば、なんと給料の6割以上が天引きされてしまうことになるそうです。実際はこれらの保険料は労使折半なので「見た目には」そこまでの数字にはなりませんが、会社側はその折半分を見越して社員の給料を決めているので、実質は社員が全額負担していると考えてよいと思います。

6割も取られる…。これを「収入が奪われる」と言わずして何と言うのでしょうか？　しかも、天引きによって「気付かれないように、こっそり」奪われているのです。なんとなく「あんまり手取りが増えてないなあ」という感覚はあるものの、その増えない分を国や地方公共団体に奪われたとまで感じる人は、思ったより多くありません。まさに国や地方公共団体の思うツボではないでしょうか。

このことは、第1章の『準備しない人』はこの先『貧乏』にしかならない」にも通じる話です。こんなにも奪われてしまうのに会社の給料だけに頼っていたら、貧乏にしかならないのは当然です。

とはいえ、年金は払いっぱなしではなく、定年後にもらえるものである「はず」です。しかし、第1章でお伝えしたとおり、国は「年金最低2割カット」と言っていますし、受給開始年齢も引き下げようとしています。聞こえてくるのはそんな話ばかりなので、あなたもおそらく**「少子化で人口が減少する一方で高齢化も進んでいる中、満足な年金なんてもらえない」**と気がついているはずです。

学習院大学の鈴木亘教授が厚生労働省のデータをもとに作成した「社会保障全体の世代間損得勘定」によると、年金の損得については1960年生まれ以降の人たちは軒並みマイナス、つまり「損」という結果になっています。1970年生まれ以降の人は1000万円以上も「損」、1990年生まれ以降は実に2000万円以上もの「損」です。つまり、もらえるどころかこれだけのお金が奪われてしまうわけです。

実に腹立たしい話ですが、国や地方公共団体に文句を言ったところで、国会議員や地方議員に要望を出したところで、この流れが変わることはありません。さきほどのお話は給料についてでしたが、あなたが副業・起業で得た収入も、税金や年金保険料などで奪われる運命にあります。ただし、給料のように勝手に天引きされない分、「できるだけ奪われない対策」は取ることができます。今のうちから経費にできる支出など節税の知識を得て、対策を講じてください。

◆ここがポイント

**給料は「天引き」というシステムにより、気付かないうちに国や地方公共団体からどんどん奪われている。しかもその額は増える一方である。だからこそ、副業・起業で得られる収入については「できるだけ奪われない対策」を早いうちから講じておく必要がある。**

## 銀行預金も「奪われる対象」

せっかくの収入を、税金や社会保険料でどんどん奪われる。

これだけでも怒り心頭なのに、国はさらに、いざとなれば奪い取ろうとしているものがあります。

それは「銀行預金」です。

２０１３年、キプロスは預金封鎖を行ないました。２０１５年にはギリシャも同様に預金封鎖。いずれも財政破綻が原因ですが、日本でも財政破綻が起きれば、預金封鎖になることは必至です。

「まさか」と思いますか？　もしそう思っているなら、あなたは日本が過去に預金封鎖をしたことがある事実を知らないのだと思います。

終戦後間もない１９４６年2月17日、日本は戦後の物資不足などによるインフレや膨大な戦事費の影響によって陥った国の財政危機を打開するため、突然預金封鎖と新円切り換えを実施する強行策に出ました。個人・法人を問わず預金の引き出し制限が設けられ、当時の額で10円以上の旧円が3月2日以降は無効となり、その翌日から新円だけが使用可能になったのです。

国民にとってはまさに寝耳に水で、しかも新円への切り替えまで半月足らずの期間しかない上に、一日に引き出せる預金の額も少なく制限されて、思うように新円に切り替えられない状態となってしまいました。その結果、財産の多くが旧円として残ってしまい、それらは強制的に「無価値」とされてしまったのです。当時、国民は「軍事債」という国債を買い、政府はその国債で予算を作っていました。国が旧円を無価値にしたということは、この国債のかなりの部分を事実上「踏み倒した」ことになります。

また、仕事で給料をもらっている人は月５００円までは新円で支払われ、残りは封鎖されている預金へ振り込まれることになりました。さらに、3月には「財産税」なる税が導入され、これにより、財産所有額が10万円を超えていた国民はその25～90％を税金として持っていかれてしまったのです。

いかがでしょうか？　こんな「預金封鎖」をした実績がある国なのに「日本に限って預金封鎖なんて…」と思っているのがいかに平和ボケなことなのか、これでわかったのではないでしょうか。

そして、今、第1章でもお伝えしたとおり、日本は世界有数の借金大国です。いつハイパーインフレや財政危機が起こってもおかしくありません。ならば、再び「突然の預金封鎖」「財産税」が強行されることも十分あり得ると考える必要があるのではないでしょうか。

だからこそ、銀行預金も「奪われる対象」と見るべきなのです。これでもまだ「銀行預金は大丈夫」と思うなら、残念ですが「もう救いようがない」としか言いようがありません。

しかも、銀行に預けていても預金利息がつかないことはもうおわかりのはずです。過去には普通預金の利息が年3%近くあった時代もありますが、今となっては大手都市銀行なら0・001%。つまり「ほとんどゼロ」という状態です。

もちろん、普通預金はいつでも引き出せるというメリットがありますし、自動引き落としで利用している場合も多々ありますので、銀行預金を全くしないというわけにはいかないでしょう。しかし、利息がほとんどゼロである上にいざとなれば預金封鎖されてしまう可能性のある口座に全財産を預けるのはさすがにリスクが高すぎます。

私の場合は、どうしても銀行に預金しておかなければならないお金以外は日本円以外の資産に分散しています。また、銀行預金も1行あたり1000万円までにして何行かに分散しています。これは銀行に「ペイオフ」という制度があるためです。ペイオフとは金融機関が破綻した場合にその金融機関の預金者一人につき1000万円までの元本と利息が保証される制度です。なので、1行あたり1000万円を超えないようにしているわけですね。

**日本円以外のいろんな形で分散して持っておく。**このことは私の会社のお客様にもメルマガなどで事あるごとにお伝えしています。銀行預金以外の資産運用をしたことがない場合には「大変そう…」と思われるかもしれませんが、これも結局は「知っているか・いないか」の差でしかないので、まずは例によってネットで調べてみてください。

参考までに、私の場合は外貨預金、株式、不動産、暗号通貨、現物（金など）といった資産を所有し、それぞれのカテゴリーの中でもいくつかの種類に分散させています。このように分散させることで、仮に何かの資産が「無価値」になってしまっても財産の一部で済むようにしているわけです。ちなみに、私は自分の会社で金融を扱っていますので、これらの資産分散はすべて「自分が吟味してOKの判断を下したもの」ばかりです。つまり、他者から「これはいいですよ」と勧められて言われるままに分散させた資産は一つもありません。これなら、もしも無価値になってしまっても仕方がないと思えますので。

そして注意すべきことは、このような対策は早く行なわなければ規制がかかって実行のハードルが高くなる、あるいはできなくなってしまう可能性があるということです。たとえば、私の外貨預金は海外のドル建て・ユーロ建ての積立や保険商品なのですが、これらは以前なら日本でも契約できました。しかし、今では現地に行って、しかも自分で英語でやり取りしなければ契約できない商品もあるのです。このような規制はどんどん出てきますので、できるだけ早めに動いて対策することが重要です。

**◆ここがポイント**

**銀行預金も「奪われる対象」である。日本は過去に「預金封鎖」をした実績がある。ゆえに「銀行に預けていれば大丈夫」ではない。必要最低限以外のお金は日本円以外の形**

で分散して持っておこう。

## 暗号通貨に見る「一筋の光明」

さきほど私が分散している資産の種類をお伝えしましたが、これらの中で預金封鎖や財産税が実行されてもその影響をほとんど受けないと考えられているのが「暗号通貨」です。

なぜなら、暗号通貨は第１章のフィンテックのところでお伝えしたとおり、銀行や国に管理されない「非中央集権」の通貨だからです。暗号通貨は「銀行要らずでお金という情報を管理する」ことを可能にした「ブロックチェーン」によって管理されているので、銀行や国は介入しようがないのです。現に、キプロスやギリシャでの預金封鎖の際にはあらかじめビットコインを所有していた人たちがビットコインのＡＴＭで現金に換金して難を逃れました。これはつまり、ビットコインには預金封鎖の影響が及ばなかったということです。

それでも、金融庁は暗号通貨の売買ができる「取引所」を登録制にしたことから、国が取引所経由で各自の取引アカウントに介入し、暗号通貨の残高を把握して「財産税」の対象にする可能性はあるかもしれません。しかし、そもそも「非中央集権」のところに「中央」である国がことさらに介入しようとするのはナンセンスとしか言えません。

というわけで、資産はいろいろな形に分散して持っておくことが理想ではあるのですが、まず手始めに何か一つ「日本円以外」で持つとするなら、本書執筆現在では暗号通貨ではないか、というのが私の見解です。暗号通貨の時価総額は本書執筆現在では右肩上がりに伸びており、専門家も「その後も伸びていく」と予測しているので、手堅い資産分散になると思います。

ちなみに、これも第1章でお伝えしたことですが、フィンテックは従来の銀行を「無くてもいい」ほどに変えてしまう威力のある技術です。

これは良いことだと個人的に思います。それは「銀行をやっつけられる」という意味ではなく、もっと根本的な「金融業界に風穴を開ける」ことにつながっているからです。

これまで、金融に関係する業界はそれぞれに対応した法律で規制されていました。具体的には、銀行は「銀行法」、証券会社は「証券取引法」、クレジット会社は「割賦販売法」、電子マネーや暗号通貨の取扱業者は「資金決済法」といった具合です。特に銀行は、銀行法とともに国によって守られてきたこともあり、革新的なことが起こらない業界でした。

しかし、金融庁はそうした業界単位の法規制をやめて、業界の垣根を越えた「商品・サービスごと」の規制に変えるための法律を作る流れになっています。このような流れになった理由はもちろん「フィンテックの登場」です。

これにより、銀行も「国に守られている」とあぐらをかいていられなくなりました。なにしろ「従来の銀行はもう要らない」というメッセージを突きつけられているわけですから。他の金融業界との自由競争の中、ぜひ、頑張ってほしいものです。

余談ですが、最近、私は個人的な必要があってフィリピンの通貨「フィリピンペソ」とマレーシアの通貨「リンギット」を送金することになり、取引のある日本の大手都市銀行に問い合わせたのですが、なんと「取り扱っていません」と言われました。

楽天銀行で取り扱っていることを知っていたので事なきを得ましたが、全くもってありえません。しかも、手続きも面倒で時間がかかる。これが暗号通貨なら指定の送金アドレスに送るだけなので、1分もかかりません。しかも、相手にも早く着金します。これほど便利で安全に国際送金できる仕組みがある中で、「取り扱いがない」とか「手続きを踏んでください」と平然と言っている銀行はまだまだ旧態依然の体質から抜け出せていないな、と改めて感じた次第です。

とはいえ、一方で銀行はブロックチェーンの研究と導入を進めています。ブロックチェーンは本来「非中央集権」なのですが、中央集権のままでこの技術を用いてセキュリティの強化とコスト削減を図ろうとしているのです。まさに、業界の垣根を超えた動きを見せ始めているということですね。

すでに第2章でお伝えしたとおり、三菱東京ＵＦＪ銀行はブロックチェーン技術を用いた決済システム「ＭＵＦＧコイン」を発表し、これを機に、コストがかかる現在の銀行システムからの脱却を図りつつあります。「２０２３年までに1万人程度の削減」と公表されているのは第1章でもお伝えしたとおりです。他の銀行もどんな改革を見せてくれるか、今後がさらに楽しみです。

◆ここがポイント

**手始めに何か一つ「日本円以外」の資産を持つなら、「預金封鎖」の影響を受けないと思われる暗号通貨を持ってみよう。**

※本書執筆現在での見解です。

## ビジネスからの収入だけでは資産は増えない

さて、資産を分散させるというお話をしましたが、その際に必ず理解しておかなければならないことがあります。

それは、「日本円以外の資産は価値が変動する」ということです。

日本円は、1円なら1円、1万円なら1万円という価値が固定されています。しかし、株価、不動産の価格、外国為替レート、金などの先物価格、そして暗号通貨の価格は、すべて上下します。

したがって、これらの資産を所有する際には「価値が上下する」ことを受け入れる必要があります。

このことは、資産の分散が必然的に「投資」にもつながることを意味します。

商売は「安く仕入れて高く売る」ことが基本中の基本です。投資も同じで「安い価格で買って高い価格で売る」という売買を行なうことで利益を上げていきます。単に資産を分散するというだけでは価値を下げ続けることにもなりかねないので、「安い価格で買って高い価格で売る」という投資行動も必要になってくるわけです。

もちろん、短期的な価値の上下は気にせず長期で保有し続ける投資スタイルもありますが、その場合でも、中長期的な相場トレンドが上昇傾向にあるかどうかを見極め、資産を目減りさせないようにする必要があります。

「でも、投資なんてやったことがないし…」

「投資で大損する人もいるし…」

そんなふうに心配してしまうかもしれませんが、その心配を払拭するためにあるのが私の会社が扱っている投資情報サービスです（笑）。

それはともかく、あなたがまだ投資をしたことがないのであれば、この機会に少ない資金からでよいので、ひとまず投資を体験してみることをおすすめします。たとえばビットコインの購入は０・００１ビットコイン（それが日本円でいくらなのかはその時のレートによりますので検索して調べてください）からできます。

なぜ投資をおすすめするか？　それはビジネスからの収入だけでは資産が効率的に増えていかないからです。富裕層の人たちは必ずと言っていいほど、ビジネスで得た収入の中から余剰資金となる部分を投資に回して資産を増やしています。たとえば１００万円の余剰資金を銀行に普通預金しているだけではほぼ１００万円のままですが、投資に回せば何倍もの利益となって返ってくる可能性があります。中でも、複利が得られるものであれば、費用対効果は爆発的に上がります。たとえば元金１００万円で毎月１％の利益が単利で得られるとするなら、１年後の元金は１１２万円。しかし、これが複利で得られるなら、１年後には約１１２万６８００円と、単利よりもさらに増えることになります。もちろん、利率が上がればその差はもっと大きく開きます。

重要なのは、これは働かなくても得られる「不労収入」だということです。「お金に働かせる」という言葉がありますが、まさにこの言葉のとおりです。その上、ビジネスで収入を得る場合と比べれば考えられないほどの利回りを得ることも可能です。つまり「少ない労力で大きな効果」ということで、このことは「てこの原理」になぞらえて「レバレッジ効果」と言われていますが、富裕層の人たちはほぼ間違いなく投資のレバレッジ効果も活用しながら資産を増やしており、だからこそ富裕層で居続けられるわけなのです。

このことからわかるのは、「ビジネスで収入を得るだけでは資産が増えない」ということです。

第４章で「一人ビジネスでも中小企業並みのパフォーマンスを出すことができ、今のあなたの給料以上の収入も可能になる効率的な働き方」をお伝えしましたが、この働き方もインターネットやクラウドツールの活用によるレバレッジ効果があるものです。しかし、その効果は「ビジネスという行為の中」にとどまるので、投資の利回りに比べれば小さいと言わざるを得ません。

それ以上のレバレッジ効果を得るには、やはりビジネスで得た収入の中の余剰資金を「お金に働いてもらってさらに効率的に資産を増やす」、つまり投資に回していく必要があるのです。また、ある程度高額の余剰資金があれば、なんらかのビジネスや個人に出資をして「オーナー」として収入を得るという方法もあります。

それに、あなたが病気やケガで入院してビジネスができなくなった時、ビジネス以外から収入が得られる状態を作っていなければ収入は当然減ります。第１章でも「入院すれば、会社を休んだ日数分だけ給料はもらえなくなります」とお伝えしていますが、これはサラリーマンだけでなく、自分でビジネスをする場合も同様なのです。しかし、投資で収入が得られる仕組みを構築しておけば、ビジネスからの収入が減ったとしても生活できる分だけの収入を得ることができます。

ということで、ここまでをまとめると、あなたは

1. せっかく得た収入の多くを税金や年金保険料で奪われても生活に困らないように
2. ビジネスから得た収入を突然の「預金封鎖」で奪われないために
3. もっと効率的に資産を増やしていくために
4. 病気やケガで働けなくなっても一分生活していける収入を確保するために

という４つの目的で、資産を分散して投資する必要がある、ということです。

国のやり方に逆らうことはできない。これはどの国の国民も同じことです。国は国家の財政が破綻してしまったら元も子もないので、財政危機になれば国民のお金を奪います。これは先ほどもお伝えしたように日本でも世界の国でも前例があり、歴史が証明していることです。

そんな時に国や政府に文句を言ったり暴動を起こしたりしても、あなたの収入は増えません。なので、やるべきなのはそういうことではなく、今のうちから「国が奪いきれない資産構築」をしておくことなのです。給料はもちろん、副業・起業からの収入も、この機会に資産分散・投資を実践し、しっかりと対策を行なうようにしてください。

◆ここがポイント

**「奪われる額」を最小限にとどめ、資産を守ると同時に効率的に増やして行くにはビジネスからの収入を日本円以外の資産に分散し、投資で増やすことが必須である。**

## 投資の不安の乗り越え方

さて、そうは言ってもあなたがまだ投資をしたことがなければ不安を拭えないのが正直なところだと思います。しかし、その不安を乗り越えないことには投資ができず、ビジネスで得た大切な収入を奪われるだけ奪われてしまいます。

そこで、次に「投資の不安の乗り越え方」を指南したいと思います。

まずは、「必ず余剰資金で行なう」ということです。

余剰資金は多いに越したことはありません。たとえば元金１０００万円を年10％で運用できれば１００万円のプラスですが、元金が５０万円だったなら5万円にしかなりません。このように、同じ運用方式であれば元金の多いほうが有利なのは明白なので、最低でも１００万円程度はあってほしいところです。そこまでの余剰資金がまだ確保できていない場合は、確保できるまでビジネスで頑張りましょう。

余剰資金であれば、仮に投資によって全額なくなってしまったとしても生活に影響は出ません。確かに余剰資金であっても資産を失いたくないというのが正直な気持ちではありますが、余剰資金だからこそ、その気持ちを割り切ることもできるわけです。

次に、「自分一人でやろうとしない」。

そもそも知識が十分でないのに自分一人でやろうとするから不安になるわけです。もちろん、基礎知識は学ぶべきですし、投資の勉強をすることは素晴らしいことです。しかし、投資は勉強したからといって必ず良い結果が出せるというものではありません。つまり、勉強しても報われない可能性もあるのです。

「だったらやっぱり投資なんてできないよ…」

そう思ってしまうかもしれませんが、大丈夫です。

結果を出しているプロの投資家の投資のやり方をそのまま真似する、という方法があります。

たとえば、私の会社が提供している「売買指示配信サービス」がこれにあたります。「今日、この銘柄を、これだけ買います」「今日はこれを〇円の指し値で売却します」というように、プロがその日実際に行なう投資行動がメールで配信されますので（メールしか扱えないお客様もいらっしゃいますのでメールで配信しています）、あとはそのとおりに売買を行なうだけで、ほぼプロと同じ結果を得ることができます。なので、難しいことを考える必要がありません。

とはいえ、仕事中にそのような売買をしている時間がない、ということもあるでしょう。その場合には「自動売買ソフト」があります。一度設定してしまえばソフトが文字通り自動で売買してくれるので、あなたは仕事に邁進していても効果的な投資をしていくことが可能です。

と言うと「ソフトに任せていて本当に大丈夫か」と思われるかもしれませんが、今はＡＩがどんどん進化しています。人間の情報処理能力をはるかに凌駕しているＡＩのほうが、多くの場合、人間よりも正しい判断をしてくれるのです。それに、人間が投資をすると「感情」に左右されて適切な判断ができなくなることがありますが、ソフトはそのようなことがなく、冷静に、淡々と売買を進めてくれます。したがって、ソフトのほうが良い結果になる確率が圧倒的に高くなっています。

売買指示配信サービスも自動売買ソフトも有料なので、その費用も余剰資金の一部から支払う必要がありますが、その費用を超える利益となって返ってくるならば、その出費はまさに「正しい投資」です。なにより、不安になりながら自分一人で投資を進めることを考えれば、精神的にもはるかに楽でいられます。

以上、「必ず余剰資金で行なう」「自分一人でやろうとしない」。この２つが「投資の不安の乗り越え方」ですが、その一方で、次のことも肝に銘じておいてください。

## ●投資に「絶対」はない。そして、投資の結果は「自己責任」である

いくらプロの投資家でも、そして優秀なＡＩでも、投資商品の売買において連戦連勝ということはありえません。損失を出す取引もあります。年間収支は黒字でも、ある月の収支は赤字ということもあります。

投資ファンドにおいても、世の中には手堅く利益を出せると謳ったファンドがたくさん出回っていますが、１００％そうなるとは限りません。運用の結果次第では配当が得られないばかりか元金まで返ってこないこともあります。

なので、「絶対」「１００％」という言葉は投資の世界にはありえないということは理解しておきましょう。そして、これが理解できれば「投資の結果は自己責任」ということも自ずと理解できるはずです。

す。あなたが託したプロの投資家やファンドマネージャーが「絶対」「１００％」利益を出せるわけではないのですから、たとえ損失を被ったとしてもそれは彼らのせいではなく、託したあなたの自己責任なのです。

### ●投資にはタフなメンタルと自己管理能力が必要

たとえば、株価や為替・暗号通貨のレートがいつも気になって、スマホでチャートを何度も見てしまう。購入したものがずっと下落を続けていて会社の仕事が手につかない。「なんで売買指示の通りに買ったのにこんなに下がるんだ！」とイライラする。こんなふうに、目先のことに振り回されているようなメンタルでは、仕事も投資も良い結果につながるはずがありません。多少のことは気にしない、というようなタフなメンタルで、今の会社の仕事、そして副業・起業に邁進すべきです。

さきほどもお伝えしたように、ＡＩと違い、人間が行なう投資は「感情」によって「狂い」が生じるものです。たとえば利益が出ている時に「もう少し値段が上がるかも」と色気を出して利確（売却して利益を確定させること）しなかったために、その後下げ相場になって思ったほどの利益が得られなくなった、ということはかなり「あるある」なケースです。

逆に、損失が出ているときに早く損切り（売却してそれ以上の損失を出さないようにすること）

すべきなのに、「損を確定させたくない」「もう少ししたら値が上がるかも」と思って損切りができずに損失をさらに増やしてしまった、というケースもあります。

また、せっかくＡＩに任せたりプロの投資家の売買指示を受けているのに、なぜか言うことを聞かずに（笑）自己流を加えて失敗する人もいます。

こんなことにならないように、自分で投資に関するルールを作り、それをどんな状況でも守り続けられる自己管理が必要になります。これができない人は「軸がぶれまくった投資」をすることになり、利益を出すことはできません。


以上、厳しい言葉だったかもしれませんが、事実なので包み隠さずお伝えしました。投資の不安を乗り越えるどころか「やっぱり不安じゃないか」という思いが強くなってしまったかもしれませんが（笑）、だからこそ、仮に全部なくなってしまっても大丈夫な余剰資金で行なうことで乗り越えましょう、というわけなのです。

新しいことを始める時は、不安になって当然です。副業・起業然り、今お伝えしている投資も然りです。さらに、何も知らない状態から始めるわけなのでいろいろ覚えなければならないことや準備しなければならないことも多く、「面倒」「しんどい」と思ってしまうことも事実です。

しかし、それで手を止めてしまったら、あなたの人生は変わりません。

だから乗り越えるしかないのです。したがって、ここでも「タフなメンタル」と「自己管理能力」

が必要になります。つまり「タフなメンタル」と「自己管理能力」は投資に限らずビジネスについても必要な要素なのです。

そして、あなたは必ず乗り越えられます。なぜなら、あなたは過去にいろんな「新しいこと」を始めて、「不安」「面倒」「しんどい」を乗り越えて今があるはずだからです。

あなたが新入社員だった頃を思い出してください。

仕事を覚え、そして慣れるまでに、最低でも3ヶ月とか普通にかかっていたと思います。大手企業であれば、研修で3ヶ月くらいかかりますよね。

その間、ちょっとやっただけで「うまくいかない」といって投げ出したことは、おそらくないはずです。投げ出していたら、その時点で会社を辞めているはずですから。ずっとやり続け、「不安」「面倒」「しんどい」を乗り越えてきたからこそ今のあなたがいて、そして会社で今のステージに昇りつめているはずです。今あなたが持っているスキルはある日突然魔法のように身についたものではなく、こうした積み重ねの結果です。だから、乗り越えられないはずがないのです。

というわけで、副業・起業をスタートさせるこの機会に、得た収入が奪われるのをできる限り食い止める対策、すなわち「いち早く余剰資金を作って『資産の分散、投資』を行なう」ことも同時に進めていきましょう。

◆ここがポイント

投資は余剰資金で行なうこと。自分一人でやろうとしないこと。そして、投資には「絶対」がないこと、投資の結果は自己責任であることを理解しよう。さらに、「タフなメンタル」と「自己管理能力」も磨こう。これらの要素が備われば、あなたも投資で結果を出せる。

# 第6章
# 会社をクビにした後のロードマップ

## 自分に資産を残せ

ここまでで、

・会社をクビにする必要性
・会社をクビにするための副業・起業の方法
・副業・起業に取り組む際のマインド
・たった一人でも中小企業並みのパフォーマンスを出せる働き方
・得た収入をなるべく奪われないで済む「資産分散、投資」のすすめ

という流れで「会社をクビにするまでのロードマップ」を示してきました。

まとめてみると、会社に奪われていたあなたの人生の主導権を取り戻して自由な人生を歩めるようになるためのポイントは、

**「インターネットを使った副業・起業を始める」**
**「時間とお金をとことん効率的に運用する」**
**「それをやり抜くためのマインドをしっかりさせる」**

の3つであるということです。

すでにお伝えしているとおり、今は新たな産業革命の波が訪れ、クラウドツールなどのインフラも充実しているので、たった一人でも以前とは比べものにならないほど副業・起業がしやすく、時間とお金の効率的な運用ができる時代です。こんな時代の追い風を利用しながら「やり抜くためのマインド」を持って着実に実行すれば、あなたは副業・起業、および投資で資産を蓄え、この先も十分稼いでいける確信を持って、満を持して会社をクビにできるはずです。ぜひ、一歩一歩、歩みを進めていってください。

その上で、最後の章となる本章では「会社をクビにした後」のロードマップを示したいと思います。それはつまり、あなたの人生がこの先も盤石で、家族もずっと幸せでいられる状態を実現するための方法です。

具体的には、「5つの課題」を示します。この5つの課題をRPG（ロールプレイングゲーム）のようなイメージで次々とクリアして、ゴールにたどり着いてほしいと思います。

まず、1つめの課題は**「自分に資産を残せ」**です。

これは「私腹を肥やせ」という意味ではありません。一人ビジネスの事業主であるあなたが自分自身に資産を残すのは、万が一ビジネスがうまくいかなくなった場合の保険的な意味合いがあるのです。

実は、私には起業してから今までの間に数回、会社の経営状態がかなり苦しい時がありました。原因は割愛しますが、このままでは社員に給料を支払えないというほど切迫した状態でした。

しかし、私はこの危機を乗り越えることができました。なぜ乗り越えることができたのか? それは、私が個人資産を会社に貸し付けたからです。そのお金で取引先への支払いも給料の支払いも続けることができ、その間に会社も持ち直し、会社に貸し付けたお金も全額回収することができました。

このように、会社がうまく行かなくなった時、当然ですが経営者は私財を投じて会社を守らなければなりません。その時に個人の資産がなかったら、会社はたちまち潰れてしまいます。だから経営者は個人資産を増やしておく必要があるのです。「私腹を肥やす」という部分も完全にゼロではありませんが、第一義的には「会社に万一のことがあった時のため」であると認識してください。

「自分は社員を雇うつもりはない」

という場合でも、支払う給料はなくて済むにせよ、取引先や外注さんへの支払いは必ず発生するはずです。その支払いが滞ったら信用に傷がついてしまうので、なんとしても食い止めなければなりません。そのためには、やはりあなたの個人資産を増やしておく必要があります。

インターネットを使って副業・起業をすると、「レバレッジ効果」によっていきなり莫大な売上が上がる場合があります。そんな時、舞い上がってしまって私利私欲を満たすために一気に「浪費」

してしまい、後になって多額の所得税や住民税が支払えなくなった人を私は何人も見てきました。「自分に資産を残す」ことを学んだあなたは絶対にそんな人にはならないでください。浪費を抑える一方、第5章でお伝えしたような資産分散などをして、自分の資産を「奪われないようにしながら」どんどんと増やしていきましょう。

私も「投資競馬」の情報コンテンツでそれまで全く経験したことのない「2億円以上」という売上を得ましたが、浮かれることはありませんでした。それはやはり、税金のこともありましたが、それ以上に「うまくいかない時期が来た時のために自分に資産を残す」ということを考えていたからです。この考えでずっとやってきたからこそ、会社の経営状態が苦しかった時期も自分の資産を投じて乗り越えることができ、今なおビジネスを続けられていると思っています。

ビジネスはつねにうまくいくとは限りません。私のように利益率の高い仕事をしていても、長年利益を出し続けていても、突発的なトラブルで一気に窮地に追い込まれることもあるのです。なので、あなたも今のうちからぜひ「自分に資産を残す」ことを意識してビジネスを進めるようにしてください。

また、こうした有形の資産だけでなく、ビジネスのスキルやノウハウももちろん立派な資産です。これらもあなたの中にどんどん積み上げるようにしてください。

◆ここがポイント

**自分でビジネスを始めたら、とにかく自分に資産を残すこと。その資産が、ビジネスがうまくいかなくなった時期を救ってくれる。**

## 直感力を磨け

2つめの課題は**「直感力を磨け」**です。

なぜ、私はいきなり2億円以上も売り上げたのに浮かれることなく「うまくいかない時期が来た時のために、自分に資産を残す」と考えることができたのか？

これは、誰かに教わったということではありません。私自身が直感的に「こうしておかないといけないな」と感じたことです。

また、私は現在英語を学んでいるわけですが、これも「世界に出て行かないとまずい」という直感から「英語が話せないと何もできない国に出て行こうとしているのだから、英語を学ばないと話にならない」と思って行動したことです。プラス、第4章でお伝えした元グーグル米国本社副社長兼日本法人代表取締役の村上憲郎さんからいただいた言葉でさらに背中を押されました。私は本来こういった学習はあまり好きではないのですが（笑）、目的が明確になっているので続けることができています。

自分でビジネスをしていくならば、このようなことが直感で思いつける「直感力」を磨かなければならないと私は思っています。なぜなら、会社をクビにして独立すれば、自由に動ける一方、自分の行動や判断がすべてビジネスの結果を左右するからです。つまり、自由というのはそれほどの責任を伴うものだということです。

「でも、どうやったら直感力を磨けるんだ？」

それにはまず、自分の周囲の利益を第一に考えることです。第3章の「原田メソッド」のところでもお伝えしましたが、私は「何があっても家族を守る」「何があっても社員を守る」という明確な目的を持ってここまで歩んできました。これがベースにあると、何をやるべきかが自然に思いつけるようになるのです。

なぜなら、あらゆる情報を「家族を守る」「社員を守る」こととつなげて吟味するようになるからです。これはまさに、原田先生の『自分のため』だけでは人は動かない。『他者のため』があって、初めて動く」という言葉にも通じています。

もちろん、家族や社員だけでなく「お客様に最大級に喜んでいただく」という目的もあります。私は友人・知人やビジネスでおつきあいのある方々から「よくこんな素晴らしいサービスを思いついたね」「こんなサービス、他で見たことない」といったことを言われることが多いのですが、そんなサービスを思いつけるのはやはり「お客様に最大級に喜んでいただく」ことをベースとして時流を読み、何が求められているかを感じ続けているからだと思います。

また、私は時々、思いがけず有力な人や情報に偶然出会うことがあります。そういった偶然の贈り物のことを「セレンディピティー」と言うそうですが、私の感覚では、直感力を磨いているとこういったセレンディピティーも自ら引き寄せられる気がします。

このようにお伝えすると、私は自分の直感力だけでビジネスを進めてきたように見えるかもしれませんが、実はそのとおりです（笑）。

本来、ビジネスは直感力だけではなく、過去のデータ分析などの「裏付け」も必要です。また、過去にうまくいった事例を応用することもあります。これらの素材からロジカルに「だからこれをこのようにやる」という結論を導き出すわけですね。

しかし、私の場合はどういうわけか、自分の直感力以外のものを受け入れると必ずうまくいかない結果に終わってしまうのです。

たとえば、私が起業して間もない頃、コピー（商品やサービスを販売するため文章）を書く際には「売れるコピーの『型』」というものに沿って書いていました。この「型」はまさに過去のデータ分析や事例から導き出された「こう書けば売れる」というテンプレートだったわけですが、そのとおりに書いても全くと言っていいほど売れないのです。

そんな時、当時お世話になっていたビジネスの師匠からこんなことを言われました。

「渡部さんはもともときちんとした文章が書ける人だから、一度自分の思ったとおりに書いてみたらどうですか？」

師匠がなぜそう思ったのかはわかりません。今思えば、それも直感だったのかもしれません。それはともかく、「自分の思うままに書いたほうが売れる」と言われてすごく心が楽になったことを今でもよく覚えています。そして、羽を伸ばして思うままに書いたコピーは、自分でもびっくりするくらいの大きな売上をもたらしてくれました。

他にも、何らかのノウハウに頼ったり、コンサルタントのアドバイスどおりに動いたりしたものは、ことごとくうまくいきませんでした。ノウハウやコンサルタントのアドバイスも基本的には過去のデータ分析や事例から導き出されたものであり、「こうすればうまくいく」ものであるはずなのに、なぜかうまくいかないのです。それまで順調に推移していた売上をもっと伸ばしたくてアドバイスを受けたのに、そのアドバイスどおりにしたら一気に売上を下げてしまったこともありました。

考えてみれば、そもそもそのコンサルタントがそのアドバイスどおりのことをして、ちゃんと実績を出したのかは不明でした。その確認不足を反省するとともに、すぐに自分の考えで修正すると、あっという間にうまくいくようになりました（笑）。

このようなことが何度か続くと、さすがに「自分は誰の教えも受けずに自分の思うようにやっていくほうがいい」と気付きます。それ以降、私は自分の直感を頼りにビジネスを進めるようになり、その結果、現在のように10社1協会を所有し、役員・社員の合計で4名ながらも毎年の年間売上平均が5～7億円という高い生産性をコンスタントに維持できるまでになったのです。

「ああ、自分は縛られるということが根っから嫌いな人間なんだな」

私は心からそう思いました。

会社勤めは束縛の象徴だから全くなじめなかったのは当然としても、ノウハウやコンサルタントのアドバイスに従うということは、自分で納得して決めたことのはず。なのに結果が出ない。これはきっと、心が無意識に「縛られている」と感じ、拒絶反応を起こしたからだと思わずにはいられませんでした。

もちろん、人にはいろいろなタイプがあるので、誰もが直感力だけで行動するほうがいいとは限りません。私とは逆に、直感力だけではうまくいかず、ノウハウやコンサルタントのアドバイスに従ったことでうまくいく人もいます。

ただ、あなたがそんなタイプの人だったとしても、直感力は磨いておくべきだと私は思います。

なぜなら、時代の変化のスピードがどんどん速くなっているからです。そんな中で「過去にうまくいった」ノウハウやアドバイスだけに頼っていたら、新たな時代の波をとらえたビジネスはできません。私が初めてフィンテックの存在を知った時に「これは絶対に来る！」と直感したことはすでにお伝えしていますが、このようなことを直感できる力を持たなければチャンスをつかむことができず、ビジネスを飛躍的に成長させることが難しくなってしまいます。

それどころか、時代にもついていけなくなると思います。フィンテックの登場は送金や契約の常識を変え、国境の壁までもなくし、それまでイノベーションが起こりにくかった金融業界に大きな風穴を開けました。また、フィンテックの基幹技術であるブロックチェーンは過去に一度も改ざんされたことがないほど最高レベルのセキュリティを備えており、ゆえに個人情報の宝庫であるSNSにも活用しようという動きもあります。こうなると、それまでの常識や価値観といったものは一気に過去に葬り去られます。

もしもあなたが直感力を磨いていなければ、この流れの中で数々のビジネスチャンスが生まれているのにそれに気付くことができず、その結果、時代にも取り残されてしまうのです。こんなもったいないことはありません。

それに、せっかく会社をクビにして自由に動ける環境を手に入れたのであれば、自分の直感もどんどん試してみてほしいと思うのです。会社にいたら稟議を通さないとできなかったことでも、独立したら誰の許可も要りません。ならば、自分の直感力を磨くために果敢にチャレンジしてほしいのです。それこそ、今通用しているノウハウもいつ通用しなくなるかわかりません。そうなってしまう前に、直感力を磨いてさらなる成果を上げてほしいと思います。

なお、直感でもうまくいかない、ノウハウやコンサルタントのアドバイスでもうまくいかないという場合、その原因のほとんどはマインドの問題です。よって、第3章に立ち返ってください。マインドがしっかりしていることは基本中の基本ですので、今のうちからその土台をしっかり固めておきましょう。

**◆ここがポイント**

**直感でうまくいく人とそうでない人がいる。しかし、後者の人も、時代の変化のスピードが速くなっている中、今までのノウハウが通用しなくなることを考えれば直感力を磨くことは必要である。**

## 目標売上を設定するな

3つめの課題は**「目標売上を設定するな」**です。

このように言うと「行き当たりばったりなビジネスをしろっていうのか？」と思われるかもしれません。あなたが勤めている会社でも、年間、あるいは半期・四半期・月間・週間・一日と、それぞれに目標売上が設定されているのではないでしょうか。それほど目標売上は大切だと考えられているのに、それを「設定するな」と言っているのですから疑問を抱いて当然です。

では、なぜ「目標売上を設定するな」と言っているのか？

それは、今の時代は計画どおりに行かないことがほぼ「当たり前」になっているからです。

極論、明日、新たな技術やインフラが普及するかもしれません。はたまた、社会情勢が変わるかもしれません。戦争に巻き込まれないとも限りません。


つまり、今の時代、将来のことは以前にもまして不確かなものになっているわけです。それなのに、今と同じような状況が続くと仮定して目標売上を決めるのは明らかに「絵に描いた餅」であり、非合理的ではないでしょうか？　そして、そのような数字を軸にして「目標売上に大きく届かない。どうしよう」と焦るようなことはナンセンスだと私は思うのです。

そもそも、専門家による経済予測の数字だって、だいたい外れているじゃないですか。結局、そういった「将来の数字」なんて当てにならないのです。余談ですが、私の英語学習も、初めに学習計画を組んでやり始めたのですが、その計画どおりには全く進んでいません（笑）。


では、目標売上の設定が非合理的と言うならば、やはり行き当たりばったりなビジネスをするしかないのか？

一つの参考事例を挙げてみます。私がリリースする案件は、私のメルマガ読者さんに限定したクローズドなものであれば、キャンペーン期間が数日～長くても10日以内。つまり短期集中型の案件がほとんどです。このようにしているのも自分の直感なのですが、理屈をあえて付けるならば「このくらいの短期間であれば案件に影響するような変革が起こりにくい」という判断です。また、中長期的にダラダラと募集を続けることはしたくないという私の性格的なこともあります。さらに言えば、私は「限定○名様まで」という人数限定のご案内をすることが多いです。これは顧客サポートのキャパを超えないようにという理由があってのことですが、50～１００名様までの人数限定であれば、早ければ3日以内で完売となり、すぐに募集が完了します。

そして、その募集期間はとにかく集中して、できる限り売上が上がるように全力を尽くします。そこは商売人ですから、少しでも多くの売上を取りに行きます。短期間だからこそ集中できるわけですね。

つまり、「短期集中で最大限の売上が上がるように全力を尽くす」という方法なら、時代の変化の影響を受けにくく、長期にダラダラやるよりパフォーマンスも上がるので、それなりの合理性がある、ということになります。

ちなみに、私は経験上「今回の案件はこのぐらい売上が上がるだろうな」という予測ができます。目標売上は決めないのですが、予測はしているのです。では、その案件での売上が予測どおりの数字になるかというと、なりません（笑）。予測したよりも悪すぎるか良すぎるかのどちらかで、幸いなことに、比率で言えば「良すぎる」ほうが圧倒的に多い。なお、以前に行なったことのある案件で、同じ内容、同じ見込み客の方々なのに前回よりも売上が落ち、予測よりも悪い数字になったなら、その案件の旬は過ぎたという判断を下します。

スタートアップの時は経験値もないので、このような予測はできないと思いますが、少しずつデータを取って、売上の予測を立てられるようにしてください。そうすると、雲をつかむような販売のしかたにならずに済みます。

なお、私はクローズドではない一般のお客様向けには、インターネット広告を活用して中長期的に販売しているのですが、この場合も目標売上は定めていません。その代わりに、費用対効果をできるだけ高くする、つまり「より少ない広告費でより多い売上を上げる」ということに集中しています。これにより、売上は後からついてくるのです。

つまり、私がお伝えしたいのは「予測や目安の数字ならよいが、目標売上は持つべきではない」ということです。目標売上は非合理的なものであり、その非合理的な数字を目指すのはナンセンスなのです。会社で「目標売上」というものに慣れてしまっていたらこの感覚がすぐに理解できないかもしれませんが、目標売上を設定せずに、私のように「やるべき時に集中」という形で実践してみたらきっと腑に落ちてくると思います。

◆ここがポイント

**物事は計画的に進まないほうが多いので、目標売上の設定は非合理的である。その代わり、やるべき時には最大限の売上が上がるように集中して取り組むこと。**

## 無駄を徹底的に嫌え

4つめの課題は**「無駄を徹底的に嫌え」**。

利益を出すには売上を上げるだけでなく、コストも削減しなければならないのは言うまでもありません。そしてそのコストの中には「時間」も当然含まれます。だからこそ第4章でお伝えした「無駄を徹底的に省いた、生産性の高い働き方」は絶対にするべきですし、さきほどの「目標売上を設定しない」というのも、無意味なことをする無駄な時間を無くして生産性を高めるためです。

特に、一人ビジネスはこの「無駄を無くす」という意識を持ち続けていないと、自分で自分を苦しめてしまうことになります。

たとえば今、あなたは相手方と直接会って打ち合わせをすることに何の疑いも持っていないかもしれません。確かに初対面の時など、直接会うことに意味のある場面もあります。しかし、直接会うとなると、支度の時間、移動時間、交通費、打ち合わせ場所でのお茶代といったコストがかかります。今までなら交通費やお茶代は経費として会社に申請すればもらえるでしょうし、移動時間も「時間つぶしになる」とむしろ歓迎するといった具合で「コスト」という意識は低かったかもしれません。

ならば当然、**かかったコストの分だけ利益が減る**という意識も低かったはずです。

しかし、あなたが自分でビジネスを始めると、この「かかったコストの分だけ利益が減る」ということは、ダイレクトにあなたの収入に反映されるので、嫌でも意識せざるをえなくなります。

それ以外にも、たとえば調べ物をするつもりでヤフーやユーチューブを見ていたら、いつの間にか他の記事や動画を次々と見てしまっていた、ということはないでしょうか？　これも油断しているとついやってしまいがちです。

ヤフーやユーチューブなどのサイト側はユーザーに長く滞在してもらいたいので、そのための工夫を随所に散りばめています。たとえばヤフーのトップページの中央にあるニュースの見出しは、ユーザーが思わず開きたくなるようにヤフーのスタッフが考え抜いて作っています。そしてユーチューブのトップページに至っては、ログインしていなくてもＩＰアドレス（パソコンやスマホを個別に識別するための、インターネット上の住所のようなもの）を識別して、あなたの過去の閲覧履歴を解析して「あなたのおすすめ」という動画の一覧を出してきます。

こうした工夫は「仕掛ける側」の視点で見れば非常に参考になるので研究する価値がありますが、

違うことを調べようとしていたはずなのにヤフーやユーチューブの狙いにまんまとハマって関係ない記事や動画を見続けているのは「無駄」以外の何物でもありません。

会社でこんなことをしていたら怒られますが、独立して自分でビジネスを始めたら誰も怒る人がいません。だからこそ、自己管理をしっかりしなければならないのです。というわけで、とにかく1分1秒でも無駄な動きを無くす。1円でも無駄な出費を減らす。このことを意識しましょう。

そして、こんなことにも注意してください。

それは、「収入は増えたけど労働時間も増えてしまった」という状態にならないようにする、ということです。

会社をクビにして会社から自由になれても、サラリーマン時代より収入が増えても、毎日朝から晩まで仕事漬けで、家族との時間も取れない。これでは結局「不自由」で、あなたも幸せを感じられないのではないでしょうか？　なにより、そんな状態では収入が多くなったとはいえ「時間単価」は低い。私はそんな生産性の低い働き方は一切おすすめしていません（第4章参照）。

なので、ここでも「自己管理」が必要です。収入が増えるとともに仕事の量も増えてきたなら、もっと効率化できないかを考え、それも一人では限界だと判断したら費用対効果を考えて問題なければ外注化するといった対応が必要です。

もうおわかりかと思いますが、私はとにかく「無駄」が嫌いです。中でも嫌いなのは、会議の相手に無駄話をされる時です。その分だけ自分の大切な時間を奪われますし、なにより無駄話に費やす時間をなんとも思っていない相手の意識の低さにイラッとします（笑）。なので、私は会議の時間は長くても1時間に設定し、すぐに本題に入ってなるべく早く結論を出して終わるようにしています。そのくらい、「無駄」は徹底的に排除すべきものなのです。

「でも、車のハンドルにも遊びがあるように、多少の無駄もないと息が詰まるのでは？」

そう思われるかもしれませんが、私に言わせれば、それはサラリーマン根性が抜けていない考え方です。自分がビジネスをやり始めたら、無駄は「敵」です。それに、そもそも自分が行なうビジネスは、自分が嫌なことを修行僧のように耐えて続けるものではなく、「自分がしたいこと」を選んで「楽しむ」ものであるべきです。私も「自分が好きなこと、ワクワクすることしかしない。嫌なことはしない」というのを個人の理念としており、仕事を心から楽しむことができています。

楽しい時間は誰だって邪魔されたくないですよね？

なので、ビジネスを楽しむ邪魔をする「無駄」は「徹底的に排除する」の一択なのです。

◆ここがポイント

**「無駄」は利益の低下に直結するという意識を持とう。そして「無駄」はビジネスを楽しむあなたの邪魔をするだけ。自己管理をしっかりして、「無駄」を徹底的に嫌って排除しよう。**

## 何か習慣化しよう

最後の5つめの課題は**「何か習慣化しよう」**。

これも自己管理に関連した話になりますが、会社に縛られなくなると、少し油断すると生活がだらけてしまいます。そして生活の乱れは仕事のパフォーマンスにも影響を及ぼします。ですから、会社勤めをしていた時のようなきつい管理をする必要はないのですが、何か習慣化して生活のリズムを作るようにするのがいいと思います。

私の場合は、こんなことを毎日の習慣にしています。

・腕立て＆腹筋各100回、スクワット20回
・靴を揃える
・デスクのまわりをきれいにする
・1時間以上英語学習をする
・ストローク（原田メソッドでいう、存在を認める行為）を意識する
・心のコップを上向きにする
・どんな時も家族に感謝
・どんな時も社員に感謝

・「ありがとう」と言う
・時流を読む感性を磨く
・つねにビジネスアイデアを考える

これらの中でも「腕立て＆腹筋各１００回、スクワット20回」に関しては生活のリズムを作るものですので、イレギュラーな所用でもない限り毎日継続しています。

なお、「心のコップを上向きにする」というのは第3章でご紹介した原田隆史先生の言葉です。先生は「学びたい、勉強したい、教えてほしい」という素直な気持ちになっている状態を「心のコップが上を向いている」と表現されているのですが、私はこの状態を保つことを毎日の習慣にしています。

これらを見て「多すぎる…自分だったら息が詰まる」と思われたかもしれませんが、もちろん「ここまでしないといけません」と言うつもりはありません。最初はたった一つでもＯＫです。何事も「０↓１」にするのが最もエネルギーを必要とするところで、これができてしまえば「１↓２」は随分と楽になります。私も最初から一気にこれだけの習慣を身につけたわけではなく、一つの習慣化が達成されれば一つ増やす、という形で今に至っています。

理想なのは、無意識にそれをやっている状態になること。そもそもそれが「習慣化」の本来の意味です。誰にも注意されないからこそ、自分で自分を律して動いていくことが大事になってきますので、ぜひ、早いうちからまずは一つ、習慣化することを決めて実践してください。

というわけで、

**1. 自分に資産を残せ**
**2. 直感力を磨け**
**3. 目標売上を設定するな**
**4. 無駄を徹底的に嫌え**
**5. 何か習慣化しよう**

この5つの課題をクリアできれば、会社をクビにした後のあなたは自分自身のビジネスを「少ない労力で最大限の結果を出しながら」成長させることができるようになります。その結果、経済的、精神的、肉体的、そして時間的にも自由になる「会社をクビにする最大の目的」が達成されることになるでしょう。

私はそんな自由を目指した先輩として、あなたにも後に続いてほしいと心から願っています。当たり前ですが、自由の反対は「不自由」です。まずは会社をクビにして「不自由の館」とも言える会社に隷属してきた人生に区切りをつけ、そして5つの課題をクリアして「自由な人生」を歩んでいってください。

◆ここがポイント
**自由になれたからといって生活がだらけていては仕事のパフォーマンスは出せない。まずは習慣化することを一つ決めて、実践していこう。**

## 事業内容は変えてOK

では、ここからはあなたのビジネスが成長した「その先」のお話をします。

なぜなら、すでに会社をクビにしたあなたには「定年」というものがなく、あなたが引退するまでビジネスは続くからです。すでに何度かお伝えしているとおり、今は時代の変化のスピードがどんどん加速しています。したがって、あなたのビジネスが順調に進んでいても、時代の変化に対応できなければすぐに衰退する可能性もあります。だからこそ「その先」のこともお伝えしたいのです。

時代の変化に対応するための方法はいろいろありますが、ここではその中でも最もインパクトのある方法をお伝えします。

それは「今までやってきたビジネスを縮小して（あるいはスッパリやめて）新しいビジネスを始める」というものです。

もちろん、これは「その必要がある」と判断した場合のお話です。一つのビジネスを始めると、ずっとそのビジネスだけを本業としないといけないと思い込んでいる人が意外に多くいます。あなたもそうではありませんか？　なので「そんなことはないですよ」というメッセージも込めてこの方法をお伝えする次第です。

もし、あなたが現在勤めている会社が事業内容をガラッと変えたら対外的な信用も失うでしょうし、あなた自身も戸惑ってしまうでしょう。しかし、一方では今の事業にこだわり続けることで「時代の変化のスピードについていけずに衰退する」という側面もあるわけです。

そのことに気がついている会社は、もうすでに「今までやってきたビジネスを縮小して（あるいはスッパリやめて）新しいビジネスを始める」を実践しています。

突然ですが、「グリー」という会社は何をしている会社か知っていますか？

「ソーシャルゲームの会社でしょ」

はい、そのとおりなのですが、創業時はSNSをメインの事業にしていたことは知っていましたでしょうか？

また、日本の有名な暗号通貨取引所の一つである「コインチェック」の創業者・和田晃一良さんは、もともとはベストセラーとなって映画化もされた「ビリギャル（『学年ビリのギャルが1年で偏差値を40上げて慶應大学に現役合格した話』）」を輩出するきっかけとなった「ＳＴＯＲＹＳ・ＪＰ」というサイトの開発者です。

「これらの会社はＩＴ系だから変革のスピードも早いんじゃないの？」

そう思われるかもしれませんので、もう一つ例を出しましょう。

コスメや健康食品の会社として有名な「ＤＨＣ」は、創業時は何の会社だったか知っていますか？　答えは「翻訳」です。ＤＨＣというのは「大学翻訳センター」の略称で、創業時は洋書の翻訳を請け負っていたのです。

また、任天堂は昔は花札やトランプを作っていて、そこからゲーム関連にシフトして伸びた会社です。これならあなたも知っているかもしれませんね。

以上の会社は創業時の事業をやめてしまったわけではありませんが、メイン事業はすでに別の事業になっています。もしも創業時の事業だけに固執していたら、今のような発展はなかったのではないでしょうか。

あなたは一人でビジネスを進めているので、これらの会社よりもフットワークが軽く、自由度も高いはずです。なので、新しいビジネスに乗り出すべきだと思ったら誰の許可も必要なく、すぐにそれを実行できます。そのメリットを活かして、状況を見て臨機応変に対応してください。

また、たとえビジネスがずっと安定していて衰退の気配がなかったとしても、個人で長く一つのビジネスを続けていると「飽きる」ことも往々にしてあります。その場合にも、他に「これは」と思うようなビジネスがあればそれをやってみればよいと思います。その場合、あなたがすでに最初のビジネスで、インターネットを活用して「何もしなくてもある程度自動的に売上を上げる仕組み」を作り上げていたなら、その売上を確保しつつ次のビジネスに取り組めますし、取り組む時間も十分にあるでしょうから理想的な事業展開といえます。

ちなみに、私のようなインターネットマーケッターは、その時々で売れる情報コンテンツをリリースできるので、一つのカテゴリーに固執する必要がそもそもありません。実際、スタート時は「ヤフオクで売って稼ぐ方法」、そこから「投資競馬ノウハウ」「金融商品の売買指示配信サービス」、そして「フィンテック関係」と推移してきました。

本書執筆時点では世界的に「暗号通貨黎明期～成長期」が到来しており、フィンテック関係はまさに「旬」で、勢いもあります。私の会社もその恩恵に預かっていますが、しかし、どんなビジネスでもその後は「安定期」そして「衰退期」が訪れます。したがって、その時期が来れば、私は涼しい顔をして、次にやってくる時代の波をとらえて新たなコンテンツやサービスをリリースするだけです（笑）。

とはいえ、私の場合は「インターネットを使って収入を得る方法」という根っこは同じで、そのためお客様の多くは起業当時からずっと変わらずおつきあいいただいています。おかげさまで、ヤフオク時代から10年以上、ずっとファンになってくださっているお客様もいらっしゃってうれしい限りです。なので、事業内容を変えるとしても、できるだけ既存のお客様が喜んでいただける事業にすることが理想的です。

あなたが始めたビジネスの内容によっては「事業売却」によって多額のお金を得て、それを元手に次のビジネスに乗り出すということも可能です。たとえばあなたがECサイトやポータルサイトを運営しているとすれば、「サイトM&A」などのインターネット事業売買マッチングサイトなどを介して売却することも可能です（審査がありますので必ず可能というわけではありませんが）。

ちなみに、シリコンバレーで頑張るスタートアップの起業家たちは、事業売却で巨額のお金を手にすることを一つの目標としています。日本ではまだまだ「買収されてしまう」といったネガティブなイメージが先行しますが、シリコンバレーでは全く逆です。彼らにとっては立ち上げた事業を売却して手に入れたお金でさらに次の事業を立ち上げるというのが一種のステータスなのです。

いずれにしても、重要なのは「一つの事業にこだわる必要はない」。時代の変化のスピードが加速する中、必要があれば事業内容を変えてもOK」ということ。一人ビジネスだからこそ、スピーディーに決断、実行できるメリットを存分に活かして進めていきましょう。

◆ここがポイント

**一度始めたビジネスをずっと本業にしなければならないという決まりはない。時代の変化を感じたり、「飽き」が来たりしたら、思い切って事業を変えてもＯＫ。一人ビジネスだからこそ、その決断も実行もすぐにできる。**

## 大きな組織を作りたい人へ

ビジネスが軌道に乗ってくると、組織化を考える人もいるでしょう。私の友人にも、一人ビジネスから始めて今や従業員を何十人と抱え、学生インターンまで採っている「しっかりした企業」を作り上げた起業家が何人もいます。その中には海外にも拠点を設けて現地の人材を採用している人もいます。

あなたもそのような道を目指すのであれば、それももちろんＯＫです。組織化ができれば、あなたは現場を離れて経営に専念することが可能になり、自由な時間をさらに生み出すことができます。

ただし、社員を雇用するということは想像以上に大変です。それは社会保険料などの経費がかかるということもありますが、それ以上に「その人の人生を背負う」という重圧がつねにかかり続けるという部分が大きいです。また、そもそも名の通った企業ではないところに優秀な人材が来るか？

ということもあります。

あなたが要求するスキルを備えた即戦力は、大手も放っておくはずがないですから。しかし、だからと言って即戦力の確保をあきらめて未経験者を雇用するなら、その社員が成長するまでの間は指導に時間を取られてあなたの自由な時間が減ってしまいます。

さらに、あなたが会社をクビにするように、社員もあなたにクビを宣告する可能性もあるわけです。せっかく時間と経費をかけて育てた人材に、あっさり出て行かれる。これほど無駄なことはありません。

これらのことを、すべて受け入れることができますか？「それはちょっと…」と思うのであれば、無理に組織化する必要はないと私は思います。

ちなみに、私は一度会社をしっかりと組織化しようとしたことがあるのですが、自分には向いていないと思ってやめました（笑）。

なので、役員・社員を必要最低限の合計４名（本書執筆現在）に抑え、私を含めて少数精鋭の「小組織」として動いている次第です。社員はそれぞれ特定の分野では私よりもスキルが高い優秀な人たちで、指導の手間もありませんでした。そして人員が足りないところはエキスパートを外注で起用しています。というわけで、手前味噌ではありますが「ほどよくバランスの取れた、無駄のない小組織」になっていると思います。

それに、あまり大所帯になると、時代の変化のスピードに対応するフットワークが重くなる可能性があります。もともと自分が自由な人生を歩みたくて始めたことなのに、自由にできないことも増えてきます。それを考えれば、私の場合は無理に組織化する必要はないという結論に至りました。

もちろん、これは「組織化は目指さないほうがいい」という話ではありません。あくまで「向き不向きがある」ということをお伝えしたいだけです。あなたが組織を大きくすることに興味があり、社員の人生を背負うことを厭わないならば、ぜひともチャレンジするべきです。その場合には、私はその方法をお伝えできる立場ではないので（笑）、専門書などを当たってみてください。

**◆ここがポイント**

**組織化は向き不向きがある。組織を大きくすることに興味があり、社員の人生を背負うことを厭わないのであれば、組織化してOK。少しでも迷いがあるなら少数精鋭の「小組織」を目指そう。**

## 日本以外で「住んでもいい」と思える国を確保せよ

「突然何を言ってるんだ?:」と思われたかもしれませんが、その場合には、日本は地震大国であるという至極当たり前のことを思い出してください。また、日本が過去に預金封鎖したことのある国だということも思い出してください。

これはつまり、死ぬまで日本に住んでいられる保証なんてないということです。

私は、日本が大好きです。できれば日本から出たくありません。しかし、日本に何かあったなら、他の国に移り住むしかないわけです。そのため、私はすでに、日本以外で「住んでもいい」と思える国を訪れ、実際に住んでもいいかどうかを見極めています。永住するためにはビザが必要なので、その取得にも動いています。これも自分自身の「直感」でやっていることです。

会社勤めの毎日に追われているとこんなことも考えつかないかもしれませんが、「日本に何かあったなら」というのはありえない話ではありません。実際、東日本大震災の時にも、福島第一原発で放射能漏れが起こったということで、関東に住んでいたのに国内で比較的安全と言われた西の方に移住した人がいました。さらには、国外に移住した人もいます。

残念ながら、今後も大震災が起きる可能性は専門家も認めているところです。なので、収入も時間も得られるようになったなら、ぜひ、自分や家族が「住んでもいい」と思える国を訪れてみて、実際に住んでもよいかどうかを確かめてみてください。

その一方、英語の学習も今のうちから始めましょう。第4章でも世界進出のために英語学習の必要性をお伝えしましたが、海外に暮らすとなればなおさら英語で話せなければ文字通り「話になりません」。英語が第一言語でない国に行く場合もあるかもしれませんが、その場合でも第二言語は英語という国も多いですし、世界標準といえる言語は英語です。すでに小学校で英語の学習を採り入れるようになっていることからも、大人が英語を学習しないという選択はありえないと思います。

その学習方法ですが、個人的にはマンツーマン学習がしっくりきます。私の場合は月3回、自宅マンションのエントランスホール（結構広いホールがあります）に来てもらってやっています。最近ではスカイプ英会話がポピュラーになっていますが、私にとっては学習効果は高くありませんでした。いずれにしても「英語が話せるようになっておく」ということがとても重要になりますので、あなたがしっくりくる方法で学習しましょう。学習嫌いの私もやっているほど重要なことですので（笑）。

◆ここがポイント

**日本に何かあったときのために、日本以外で「住んでもいい」と思える国を確保せよ。同時に、海外に住むことを考えれば英語学習もしっかりしておこう。**

# たった一度きりの人生を楽しもう

さて、ここまでの段階を踏んで「真の自由」を手に入れたなら、あとはあなた自身の人生を思う存分楽しんでほしいと思います。仕事は無駄を徹底的に省いて生産性を高くすべきですが、プライベートに関しては、あえて「無駄を楽しむ」ということもありだと思います。

家族とゆっくり時間を過ごすも良し。趣味を思いっきり楽しむのも良し。

気が向いたら、好きな時にふらっと沖縄、あるいは海外のリゾート地に行くことも自由にできます。私はインドア派なので普段はあまり外に出ませんが、本書執筆中にもヨーロッパに出張するなど、年に数回は海外に出ます。ＷｉＦｉとノートパソコン１台あれば、いつでもどこでも仕事ができるので、仕事に穴を開けることもありません。今はフライト中の飛行機の中でもインターネットがつながりますので、本当に時間も場所も関係なくなりました。あなたも十分な収入と時間があれば、このように好きなことを好きなだけ楽しむことができるのです。

もちろん、誰にも文句を言われません。あなたはすでに会社の歯車の一つではなく、自力で生計を立てられているわけですから。そもそもあなたの人生はあなたのもので、会社のものではありません。あなたは自分の人生を自分自身で「本来あるべき姿」に戻しただけなのです。

そして楽しむばかりではなく、家族に急病など何かあった場合には真っ先に対応することもできます。会社勤めをしているとなかなかこうはいきません。

このように自分の人生を謳歌できるようになると、自ずと自信もついてきます。そして、その自信がさらなるビジネスの成長とプライベートの充実を呼び込んでくるようになります。

あなたが既婚者であれば、平日の昼間にも家にいるようになったあなたをご近所の奥さんが気付いて、あなたの奥さんに「ご主人どうしたの?」と聞いてくるかもしれません(笑)。

しかし、その場合は会社に行っていないのを不思議がるその奥さんのほうが時代遅れなのです。今はクラウドソーシングを活用して自宅で働くフリーランスも増えましたし、テレワークを導入した企業の社員も自宅で働けるようになりつつあります。それを知らないのは古いと言わざるを得ません。つまり、会社に縛られない、会社勤めをしていてもオフィスに縛られないというのが、今という時代に適合した働き方なのです。

むしろ、自宅で働いて十分な収入を得て、平日も家族と楽しく暮らしているあなたのことを知ったら、ご近所の奥さんはきっとうらやむのではないかと思います。自分の旦那さんは「会社、会社」の毎日のはずですから。ちなみに、私は都心のタワーマンションの高層階に住んでいるからか、私がずっと自宅にいることを不思議に思うご近所さんは一人もいません。というか、そもそも顔を合わせる時が全くと言っていいほどありません…(笑)。

こんな理想の人生が得られるなんて、あなたはほんの少し前までは考えてもみなかったことだと思います。しかし、あなたは本書を手に取り、それが本当に実現できることを知った。それはつまり、まだこのことを知らない人との「情報格差」がついたということなのです。第4章でもお伝えしたとおり、情報格差はそのまま「経済格差」「時間格差」につながります。「知らない」ということがいかに人生を不利にするか、このことでもよくわかったのではないかと思います。

その意味では、今までは本書のような内容は「知られないように」されていたと言えるのかもしれません。

かつては「お国のために」という時代がありましたし、「企業戦士」「モーレツ社員」といった言葉がもてはやされ、会社に人生を捧げることが美徳とされた時代もありました。これはつまり「本来は自分のための人生なのだ」というのがご法度で、そんな思いのかけらも生まないように国や会社が情報をコントロールしていたととらえることもできます。

しかし、今や「お国のために」は過去の歴史となり、「企業戦士」「モーレツ社員」なんて言おうものなら「ブラック」と責められます。そんなふうに時代が変わり、さらにインターネットの普及とSNSの登場によって「マスによる情報コントロール」もできなくなりました。これらすべてが追い風となって、あなたは「会社をクビにする」という道を知ることができ、その道を目指すことができるようになったわけです。

ならば、会社に遠慮して、これ以上あなたのその人生を会社に捧げ続けなくてもいいのではないでしょうか？

人生はたった一度きりです。

「死ぬ時に後悔しか残らない人生」ではなく「生きてきてよかった人生」にするために、あなたもぜひ、会社をクビにして自分の人生を思う存分楽しめる人になってください。

◆ここがポイント

**人生はたった一度きり。その貴重な人生を会社に捧げるのはもう十分だ。ここから先は「自由に思う存分楽しめる人生」を歩んでいこう。**

# あとがき

## あなたが会社をクビにすると、日本が救われる。

…と言ったら大げさに聞こえるかもしれませんが、大げさでも何でもなく、私は真面目にそう思っています。

なぜか？　それは、最近の日本に関するこんなランキングデータがあるからです。

・業務のデジタル化について　最下位（34ヶ国中）
・世界のＩＴ投資マインドランキング　最下位（21ヶ国中）
・ＩｏＴの理解度　最下位（20ヶ国中）
・起業活動指数　最下位（18ヶ国中）
・教育への公的支出　最下位（34ヶ国中）
・大学教育レベル　最下位（49ヶ国中）
・労働生産性　最下位

・平均睡眠時間　最下位
・企業の社員の「やる気」　最下位
・仕事のやりがいを感じている　最下位
・世界の仕事満足度調査　最下位
・自国に対する誇り　最下位
・世界幸福度ランキング　最下位
・自分自身に満足している若者　最下位
・将来に明るい希望を持っている若者　最下位

「労働生産性」以降の「〇ヶ国中」という表記のない項目は、「先進国の中での順位」ということになっています。

これらのデータは、私の友人である起業家が「日本が大変なことになっている」というメッセージとともに、先日メルマガでシェアしてくれたものです。「最下位のものだけをピックアップしたランキング」ということなのですが、「ＩＴ」「教育」「生産性」「やりがい」「誇り」「希望」といった項目で軒並み最下位という結果を見せつけられ、私は愕然としました。

そして次の瞬間、心の中でこう叫んでいました。

## 「冗談じゃない！日本はこんな結果になる国じゃない！」

それはただ感情的に反発したわけではありません。日本人のポテンシャルからすれば、こんな結果になるはずがないのです。

友人のそのメルマガでも、

「日本人は決して能力が低いわけではない。むしろＯＥＣＤ（経済協力開発機構）による国際成人力調査では、調査項目３分野のうち『読解力』『数的思考力』の２つで１位となっていて、能力的には世界トップレベルである」

と書かれていました。

それに、日本人は世界的に見ても勤勉で、仕事も正確です。私がアメリカに行って国内線の飛行機に乗った時、「機長が急に病院に行かなければならなくなったのでお待ちください」と言われて出発が５時間遅れたことがありましたが（笑）、日本ではそんなことはありえません。電車も定刻通り発車してダイヤが乱れないのが当たり前というほど几帳面です（これほどの几帳面さは全世界でも日本だけだと思います）。

東日本大震災の時にも暴動が起きず、みんなで復興に向けて動き出したことに象徴される協調性、人としての優しさもあります。アメリカもヨーロッパも確かにすごいところではありましたが、その一方で、勤勉さや仕事の正確さ、几帳面さ、そして協調性などは日本人も負けておらず、むしろ日本人の良さ・強みだということも改めて感じました。

そんな日本人が、なぜさきほどのようなランキングでことごとく最下位に沈んでいるのか？　いつからこんな、夢も希望もない国になったのか？

その原因はいろいろあると思いますが、一番の原因は「会社」だと私は思いました。日本の会社が、仕事へのやりがいをなくさせた。夢や希望、目標を失わせた。人生をより良くしていこうという気概もなくさせた。そんなふうに、せっかく日本人が持っているポテンシャルを同じ国の会社が潰してしまったとしか思えないのです。

これは日本人が「大きなものに弱い」という残念な面があることも影響しています。「大きなもの」は「大きな力」と言い換えてもよいのですが、その「大きな力」の象徴的なものの一つはまさに「会社」です。つまり、日本人は会社に弱い。だから、会社はそのことを利用して、日本人をいいように使い続けてきたのです。

それを裏付けるデータの一つが「有給休暇の消化率」です。世界最大級の総合旅行サイト「エクスペディア」の日本語版サイト「エクスペディア・ジャパン」は世界28ヶ国を対象にした有給休暇消化率を毎年調査して発表しているのですが、２００８年から２０１３年まで、日本は最下位（ここでも最下位…）。２０１４年と２０１５年はなんとか最下位を脱出したものの、いずれも「下から2番め」。そして２０１６年は再び最下位に転落しています。

日本の会社員がいかに会社に遠慮しているか、逆に言えば日本の会社がいかに有休を取りづらくさせているかがわかるのではないでしょうか。ちなみに、ヨーロッパでは軒並み30日以上という長い有給休暇の期間が「法律で保障」され、そして休む時は「堂々と」休むという文化です。そして、世界幸福度ランキングも軒並み上位です。これに比べて、日本は1ヶ月以上の休暇なんて全くありえない話で、世界幸福度ランキングも最下位の51位。あまりにも差が大きすぎます。

そして、「このまま会社に居続けていいのだろうか?」という迷いも「会社に弱い」からこそ生じるわけです。会社に弱くなかったなら私みたいに迷わず「辞めてやる!」となりますから（笑）。

さらに言えば、そもそも「大きなものに弱い」のは日本の学校教育のせいで、日本人ははじめから大きなものに弱かったわけではありません。学校は、自分で考えるという機会を与えない。国にとって都合の悪い情報も与えない。まさに、私たちは「大きなものに弱くなるように」育てられてきたわけです。これも第3章でお伝えした「社会的洗脳」の一つだと思います。だから私はそんな学校に反発してヤンキーになってしまったのだと、今にして納得できました（笑）。

以上のことから、日本人のポテンシャルを復興させ、さきほどのランキングで軒並み最下位という不名誉から抜け出すには「まずは一人でも多くの日本人が会社から自由になる」ことがなにより先決だと私は考えました。だから、「あなたが会社をクビにすると、日本が救われる」というのは、きわめて真面目な私の想いなのです。そして、この想いが本書を執筆するきっかけ、そして執筆の原動力でした。

もちろん、だからと言って日本人全員が会社をクビにしたら国は間違いなく機能しなくなります。しかし、そんなことはまずありえません。なぜなら、本書でお伝えしてきた内容に気がついている日本人はまだまだ少ないからです。

インターネットの普及によって「現代人の一日の情報量は江戸時代の一生分に相当する」とも言われるようになりましたが、それでもなお、こうして知らないこと、気がつかないことがたくさんあるわけです。したがって、全員が会社をクビにするなんてことはありえず、むしろ気がつかないまま一生サラリーマンで過ごしてしまう人のほうが多い結果になると思います。


**だからこそ、先に気がついたほんの一部の人は自由な人生を手にすることができるのです。もちろん、ここまで読み進めたあなたもその一人です。**


本書のまえがきで「今のあなたから『会社』を取ったら何も残らないように見えて、実は『計り知れない可能性』が残っている」とお伝えしたことを覚えていますか？

そんな可能性があるなんて、多くの人は気がついていません。しかし、ここまで読み切ったあなたは気がつくことができて、しかもその「計り知れない可能性」の詳細までつかむことができました。つまり、あなたは今、自由な人生を手にするための大きなアドバンテージを得ることができているわけです。

第6章の最後でもお伝えしたとおり、人生はたった一度きりです。しかし、あなたはそんな貴重な人生の「序盤戦」を学校に、「中盤戦」を会社に、それぞれ捧げ続けるしかなかった。

時間がない。自由もない。自己実現も叶わない。

せいぜいできることは、気分転換に往復の通勤電車の中でスマホゲームをしたり、自宅でささやかな趣味に興じたり、コツコツ貯めたお金で旅行などのレジャーにいそしむこと。しかし、休日はどこも混雑していて気分のリフレッシュどころかかえってグッタリ。

そんな人生で定年を迎えて余生を送るなんて悲しくないでしょうか？

「こんな人生を送るために生まれてきたのか」と虚しくならないでしょうか？

幸いなことに、あなたの人生はまだ途中です。今ならまだ、自分の人生を取り戻せるチャンスはあります。そしてなにより、あなたは本書を手に取り、他の多くの人がまだ気づいていないことに気づくことができました。

あとは「気づいただけ」に終わらせずに行動するだけです。

第3章でもお伝えしたとおり、行動しない人というのは本当にたくさんいます。しかし、行動なくしては自由な人生を手にすることができません。ぜひ、マインドをしっかりさせて行動し始めてください。石を転がしてください。

本編の中でも少しお伝えしましたが、今回の執筆の合間に、私は出張でヨーロッパを訪れる機会がありました。

一週間の間、フランスに始まり、スペイン、ロンドンと渡り歩いたのですが、どの街並みも本当に美しく、当たり前ですが日本とはまるで違うと感じました。そして、どの国の人たちも気さくに話しかけてくれます（現地の言葉なので通訳を通じてしか理解できずもどかしかったですが・笑）。人に関しては、自らに誇りを持っている人ばかり。「謙遜は美徳」の日本人には信じられないほど自慢もします。こうした人たちが生み出す街のパワーという点でも、日本は分が悪いな、という印象を持ちました。

日本のほうが優れているところ、劣っているところ、いろいろ感じるものがありましたが、中でも特に強く感じたのは「日本はエネルギッシュさが失われている」ということでした。これはヨーロッパを見ただけの感想ではなく、過去にアメリカ、香港、マレーシアなどの各国を見てきた時にも抱いた感想です。このことはさきほどの各ランキングで軒並み最下位になっていることと無関係ではないような気がします。

なんというか、今の日本は全体的に「淀んでいる」と思わざるをえませんでした。川の流れが淀んでいると水は濁ります。そのような感じに見えるのです。

日本にいたままだと渦中にいる状態なので、このようなこともなかなか気がつきません。だから多くの日本人は今の状況に麻痺してしまっているのだと思いますが、何度も海外に行って日本を客観的な目で見ている私は「このまま行ったら日本は本当にまずい」という危機感をいっそう強めています。まさに第1章でお伝えした「ゆでガエル」になってしまう。だから、本書をここまで読んでくださったあなたにはぜひとも会社をクビにして自由な人生を手に入れてもらいたいのです。もちろん、それは第一義的には「あなた自身が幸せになるため」です。しかし、それが同時に日本のポテンシャルを取り戻し、「淀み」をなくしてエネルギッシュに変えていくことにつながります。なので、ぜひ、そんなことにも手を貸すつもりで会社をクビにしてもらえたらと思います。

残りの人生――そんな言葉があなたにはまだピンときていないかもしれませんが、しかし、時は確実に進み、あなたの残りの人生も確実に減り続けています。その人生をこれ以上会社に捧げるのは私に言わせればナンセンスです。今や個人で活躍できる時代。大きなものに弱くなっている必要もありません。ぜひ、今すぐ一歩を踏み出してください。そして、「この本のおかげで会社をクビにできました！」「自由を手にすることができました！」と報告をください。それが、私が本書を通じてあなたに期待していることです。

では、私は伝えるべきことは伝えました。あとはあなた次第です。と言うと突き放している感じがしますが、事実ですから仕方ありません（笑）。
決断を先延ばしにすればするほど、あなたの人生は何も変わらないまま少しずつ失われていくだけです。いや、第1章にあるように、何も変わらないどころかどんどん窮地に追い込まれる可能性のほうが高い。そうなる前に、自ら動いて「自由で楽しい人生」をつかみ取ってください。本編でお伝えしたとおり、今は「10年、いや、20年に一度あるかないかの絶好のチャンス」なのですから。
これが、そんな人生をつかみ取った先輩である私からのメッセージであり、エールです。

それでは、最後まで読んでくださってありがとうございました。
本書であなたの心が1ミリでも動き、「このまま会社に居続けていいのだろうか？」という迷いから脱して会社をクビにするために行動を始めることを心から願っています。

**Just Do It!**

２０１７年12月

渡部純一

# 筆者紹介

1973年山形県生まれ。インターネットビジネスを中心に、多角経営で年間数億円以上を売り上げる国内トップクラスのマーケッター。ネット上では「なべっち」の愛称で多くの人に親しまれている。

五流高校をギリギリで卒業した後に就職するも長く続かず、転職8回という凡人以下の生活を続けていたある日、インターネットでYahoo!オークション（以下「ヤフオク」）の存在を知り、不用品販売に没頭。この経験から個人でも全国を相手に商品を売ることができるインターネットビジネスに目覚め、片手間の副業でありながらヤフオクで情報コンテンツ5,000本以上をたった半年で売り切ったほか、独自のサイトを立ち上げ1商材10万円という、当時の市場ではありえない高額のプライスを付けたコンテンツを100本以上も販売したことはもはや伝説となっている。

2005年、本格的にネットビジネスに参入（法人化）してからは、たった2日で1,000万円、プレプロモーション販売で7日で2,000万円を一気に売り切った実績を持つほか、単品商材の売上2億1千万円という金字塔も打ち立てる。さらに、月額15万円をチャージする独自サービスをメール一本で会員数十名集客、100万円以上の価格をつけたコンテンツを1日で数十本販売するなど、新たな伝説を生み出し続けた。また、爆発的に売り上げるマーケティング以外にも、最低でも月数百万円の売り上げを安定してキープする独自ロングテールマーケティングの実績も叩き出した。

2007年からは、ネットビジネスと金融商品（FX、日経225、株式）を融合させたビジネスモデルを日本でいち早く構築。投資情報配信業務から、自動売買ロボット（ソフト）販売、投資情報セミナーなど、金融関連の業務を幅広く手がけ、その分野でも日本でトップクラスの実績を誇る。

その後、WordPress作成会社、ソフトウェア作成会社、出版社、スタジオ業務など、さまざまな業種の会社を所有して多角経営に乗り出し、2013年には金融商品の未来を見据え、独自の調査網でFintechに目をつけ、米リップルラボ社の代理店に。自社の顧客に約5億円分のリップルコインを販売し、当時の売価0.6円から2017年4月には、最高80倍の値をつけ、お客様の資産倍増激増に貢献。平均値としては約30倍だったため、「5億円分を150億円分に増やした男」という異名がついたほどである。
そして現在までに、自身がオーナーとして関わっているFintech案件は複数あり、集まっている出資額は合計50億円以上に。この実績から、「日本のFintechプロジェクトのパイオニア」と呼ばれることもある。

現在は10社および1協会を所有し、創業12年目にして、グループでの累計売上は合計80億円を超えている。しかし、インターネットとITツールを駆使して生産性の高い働き方をしているため、本人の労働時間は毎日数時間足らずである。その根底には「たった一度の人生、自分のしたいことや好きなことができる自由な時間を謳歌する」というライフスタイル重視の考え方がある。

経営理念は、「会社も我々もお客様も、全てが儲かる、繁栄するような仕組みを作る」。

インターネットを使って、投資、ネットビジネス問わず、会社に依存せずに「個人で稼ぐ力」を身につけて起業、副業する方を数多く輩出し、その実績において日本トップクラスとなることを目指している。

過去、2冊の書籍を刊行。いずれもAmazon総合ランキング1位を獲得しているベストセラーとなっている。

**渡部純一とＬＩＮＥ＠で友だちになりませんか？**

本書に書けなかった秘密の話、最新の話など、不定期ですがいち早くシェアいたします。

友だちになる方法はカンタンです。
下記のＱＲコードを読み取って友だちに追加するだけです。

今すぐ友だちになりましょう！

# あなたが会社をクビにしろ!

## 自分の人生を生きるための
## 「一人で稼ぐ」スキルの身に着け方

2018年 1月28日 初版第1版

著 者 渡部純一

発行人 渡部純一

発行所 創幻舎 http://sogensha.ne.jp/
〒100-0005 東京都千代田区丸の内1-8-3
丸の内トラストタワー本館20階
電話 03-6269-3053 FAX 03-6269-3054

発売元 コスモの本
〒167-0053 東京都杉並区西荻窪3-17-16
電話 03-5336-9668 FAX 03-5336-9670

印刷・製本 株式会社シナノパブリッシングプレス

 Printed in Japan ISBN978-4-86485-038-4 C0033